AF546460

Eva Botofte

PERMAFROST

Erzählungen von Spitzbergen

Für Anja Rapelius

Ins Deutsche übertragen
und mit Zeichnungen versehen von der Autorin

Eva Botofte

PERMAFROST

Erzählungen von Spitzbergen

EDITION A•B•FISCHER

KALIBER

Die Fingerbeere ruhte am Drücker. Der Zeigefinger war verkrampft, obwohl ihr Vater sagte, dass sie nicht so hart drücken solle. Sie musste alle ihre Kräfte einsetzen, um den Kolben mit der Schulter und den Gewehrlauf mit ihrem linken Arm in der rechten Position zu halten. Der linke Arm war nicht so stark wie der rechte. Am schlimmsten war es mit der Schulter. Als der Schuss losging, kniff sie die Augen zusammen und spannte ihren ganzen Körper an. Den Rückstoß nahm sie als einen harten Schlag gegen die Stirn entgegen. Die Augenbraue war geplatzt. Sie war zehn Jahre alt, und ihr Vater sagte, sie sei jetzt alt genug, um ein Jagdgewehr mit einem guten Kaliber zu bekommen.

Ohne die Handschuhe auszuziehen, hat sie das Wohnzimmer aufgeräumt. Niemand kümmert sich um das Haus, schon ewig nicht mehr, obwohl es Staatseigentum ist. Ein Holzhaus auf Pfählen, das nicht im Morast verschwinden kann. Die Haustür ist immer noch grün, die Farbe blättert aber an den Rändern ab, und der Türgriff baumelt ein wenig. Die Außenwände sehen aus, als hätte irgendjemand sie mit einer Drahtbürste gescheuert. Die Masern des Holzes haben sich tief in die Bretter zurückgezogen. Ein Haus aus grünem Treibholz. Mitten zwischen zwei Bergmassiven. Wenn der Wind sich legt, hört man immer noch im großen Hundezwinger am Stadtrand die Schlittenhunde heulen.
Ihre Mutter ist längst tot, jetzt liegt auch der Vater auf dem Festland begraben. Und sie ist zurückgekommen. Auf unbestimmte Zeit. Als Vertreterin für einen Geologen. Es hat etwas Unangenehmes, dorthin zu ziehen, woher man ursprünglich gekommen ist. Wieder in das Elternhaus zu ziehen und die Arbeit des Vaters mit dem Kartographieren der Eigentümlichkeiten des Polargebiets fortzusetzen. Als könnte man Worte aus dem Fels hauen.
Das Haus trägt noch die Spuren von den scharfen Kanten ihrer Wanderstiefel. Sie ist sich nicht sicher, wie viele von den angeschlagenen Stellen von ihr kommen. Wenn sie mit der Hand die

Sicht auf das Haus verdeckt, fließt es langsam weg. Sie prüft die Türgriffe. Es fällt ihr schwer, die Tapete wiederzuerkennen, die leere Luft über den Möbeln. Ihr Blick flackert von einem Gegenstand zum anderen. Dass so viele Sachen immer noch an ihren alten Plätzen stehen! Das Radio, das Fernglas auf der Fensterbank, der Strickkorb. Die Lampenschirme aus Stoff sind vom Staub und der Wärme der elektrischen Birnen dunkel geworden. Sie möchte jetzt duschen, hat aber keine Lust, in der Duschkabine ihrer Eltern nackt zu sein. Sie hat keine Lust, dort nackt zu sein, wo *sie* nackt gewesen sind. Sie möchte sich ihren Geruch nicht ins Gedächtnis zurückrufen. Sie hat sich allzu lange im kleinen Flur aufgehalten, bevor sie weiter ins Haus vordringt, ins Wohnzimmer, ins Schlafzimmer, ins Zimmer ihrer Mutter, in ihr eigenes Zimmer, das auf die Hälfte des ursprünglichen Areals geschrumpft ist. An der Wohnzimmerwand hängt das Jagdgewehr ihres Vaters. Mit dem Zeigefinger entfernt sie den Staub auf dem Lauf, spürt, wie das Korn in ihre Fingerbeere schneidet. Das Regal ist ein Blätterfall in braunen Farbtönen. Hinter den Büchern entdeckt sie die Patronenschachtel. Es sind die Patronen von damals. Kaliber 338 Winchester Magnum. Wenn sie sein Gewehr hochhebt und sich mitten in den Türrahmen stellt, ist sie immer noch der Mittelpunkt des Bildes.

Das Gewehr war schwer, und sie war sich nicht sicher, ob sie imstande sein würde, es still zu halten, wenn sie auf Schneehuhnjagd gingen. Die Schneehühner schienen sich unvorhersehbar wie tanzende Himmelstreifen zu bewegen, und wenn sie zielte, bewegte sich die Mündung des Gewehrs im eigenen Rhythmus. Es seien zutrauliche Vögel, sagte ihr Vater, und sie näherten sich fast von selber. Mit ein bisschen Übung brauche man gar nicht auf sie zu schießen. Man könne sie mit bloßen Händen fangen lernen und ihnen dann schnell den Hals umdrehen. Sie hat das Gewehr nicht bewegt, sondern den ganzen Oberkörper im Kugelgelenk der Hüfte gedreht.

Sie denkt an den Bart ihres Vaters, der sie gekratzt hat, wenn er zu nahe kam. Er sei der erste Mann in ihrem Leben, sagte er, sein Blick folgte ihrem Arm und dem Gewehrlauf, und sie wusste, dass ein Gefühl entstand, das er schon seit langem vergessen hatte. Sie kannte das Wort nicht, es existierte nicht in ihrem Wortschatz. Speichel tröpfelte aus seinem Mund in den ihrigen. Sein Gesicht leuchtete. Das Licht schien um seine Augen herum zu glänzen. Er, der alles wusste, leuchtete kurz auf, und dann war es zerstört. Sie war erleichtert, als es vorbei war.
Wenn du groß bist, kannst du Soldatin werden, sagte er, aber dann musst du zum Festland. Sie hatte nie daran gedacht, Soldatin zu werden. Sie kannte niemanden, der davon träumte, Soldat auf dem Festland zu werden. Auf dem Festland gebe es Bäume, hinter denen man sich verstecken könne, wenn der Feind käme. Daran hatte sie nie gedacht. Er sagte, dass sie mit ihrer Waffe verwachsen solle und dass die Schneehühner dieses Jahr tief flögen, so dass sie das Gewehr nicht so hoch heben solle, wie sie glaubte.

Als der Schuss fällt, weiß sie, dass sie ihn nicht getroffen hat. Den Polarfuchs mit dem grauen Frühlingspelz. *Vulpes lagopus*. Es war derselbe Polarfuchs, den sie früher am Tag gesehen hatte, als er in der Stadt nach Essensabfällen suchte. Abfall, der verboten ist, weil er die Eisbären anzieht. *Ursus maritimus*. Der kleine Wasserfall blutet im Licht der untergehenden Sonne. Es sollte nicht schwer sein, ihn vor diesem Hintergrund zu treffen. Sie hat schon sechs Patronen abgeschossen und hat jetzt nur noch zwei übrig. Mit dem schweren Gewehr ihres Vaters hat sie ein höheres Kaliber bekommen. Je größer das Kaliber, desto stärker der Rückstoß. Sie versucht sich vorzustellen, dass sie mit der Waffe verwachsen könnte, es fällt ihr aber schwer. Das erste große Tier, das sie und ihr Vater zusammen geschossen hatten, war ein Rentier. Sein Blut war dunkelrot und zähflüssig, als es sich durch den Schnee bohrte. Schwarze Punkte im Weiß. Später hatten sich Krusten am Hals des Tieres gebildet.

Die Haut an ihren Fingern bekommt Risse von der trockenen Luft und der Kälte, an ihrer Hand klebt Blut. Das Schmelzwasser kühlt ihre Finger ab. Jetzt erblickt sie den Fuchs von hinten mit dem langen, buschigen, grauen Schwanz, der hinter einem Felsvorsprung verschwindet. Sie steigt den Fjell mit dem scharf geladenen Gewehr auf dem Rücken hinab. Über Geröll und kleine Flächen mit trockener, gekräuselter Winterflechte, einen quellenden Wasserlauf entlang, der wie sie zwischen Felsstücken und den plötzlich auftauchenden Beulen und Knollen der Landschaft im Zickzack laufen muss.
Die flachen Steine sehen aus, als könnten sie jeden Augenblick vom Fjell hinabgleiten. Sie versucht langsam zu gehen, damit sie nicht stürzt. Sie könnte sich das Steißbein verletzen. Vielleicht sieht man von der Stadt aus schon ihre rote Jacke in der Talmulde, aber sie hat noch mehrere Kilometer vor sich. Dort unten werden Leute heute Abend auf sie warten. Neue Kollegen, die sie hierher zu den Steinen geholt haben, auf denen sie jetzt in alle Richtungen ausrutscht. Auf dem Fjell liegen immer noch Schneezungen und weiße Flecken, die Sonne taucht aber bald auf und wird alles tauen. Der kleine Wasserlauf wird ein Flüsschen sein, das Flüsschen ein brausender Strom. Am dunkelblauen Himmel schwebt immer noch der weiße, wollige Gebirgskamm. Als sie noch ein Kind war, pinkelte der Fuchs auf ihre Schuhe, wenn sie sie auf den Treppenstufen vergessen hatte. Einmal habe der Fuchs eine halbe Tasse Kaffee gestohlen, sagte ihre Mutter. Aber das war, bevor sie krank wurde und sich in ihr Zimmer zurückgezogen hatte. Fort von ihnen.
Als sie endlich mit dem Aufräumen des Wohnzimmers fertig ist, holt sie alle Polaroidbilder von damals hervor. Sie sehen fast alle gleich aus. Das Licht oder die Chemie hat sie im Laufe der Jahre verblassen lassen, so dass mehrere Jahrzehnte nur noch in Pastellfarben existieren. Es gibt so viele, dass sie das Sofa und den Sessel und den Tisch ganz mit ihnen bedecken muss, um einen Überblick zu bekommen. Sie möchte sowieso nicht auf den Möbeln sitzen. Und jetzt posiert sie mit ihrem Fahrrad, dem Schulkame-

raden und mit ihrem ersten Gewehr. Sie ist auf allen Bildern der Mittelpunkt. In ihrer Familie haben alle blondes Haar und grünblaue Augen. Und einen aufgeweckten, neugierigen Blick. Die Bilderecken nutzen sich gegenseitig ab. Sie hat immer noch die Handschuhe an. Das macht alles komplizierter. Im Bilderhaufen findet sie eine Nahaufnahme von sich selbst, ihr scheint, dass das Grün in den Augen neben der bleichen Haut leuchtet.

Ihr Vater sagte, dass er nicht mehr wüsste, wie lange die Mutter dort in ihrem Bett gesessen hatte, oder wann sie aufgehört habe, mit ihnen zu reden, aber das Zimmer kannte sie bestimmt auswendig. Auch sie wusste nicht mehr, seit wann ihre Mutter krank war und ihr eigenes Zimmer hatte. In dem Zimmer verstauten sie all das, was sie nicht mehr brauchten. Die Tapete war an den Ecken bald dunkler geworden, nur an der Wand hinter dem Bett war das grüne Zickzackmuster durch die Sonne verblasst. Das Regal mit den Büchern; ihre Mutter konnte gewiss alle Geschichten auswendig, wenn sie die Buchrücken betrachtete. Sie hatte sie alle gelesen, aber jetzt waren die Rücken mehr als genug. Auf dem Nachttisch lag das Album mit all den Bildern, aber das könne sie auch auswendig, und sie habe keine Lust, sie wieder anzusehen, sagte ihr Vater. All die Gesichter mit klaren, grünen Augen und schmalen Lippen. Das Beste an dem Album war der Ledergeruch. Es war braun mit Flecken, und so roch es auch.

Jetzt weiß sie nicht, was aus dem Album geworden ist. Jetzt, nachdem sie die Bilder herausgenommen und in einem Haufen gesammelt haben. Vielleicht hat der Vater es nach dem Tod der Mutter getan. Vielleicht hat er den Geruch von braunem Leder nicht gemocht. Hier oben gibt es keine ursprüngliche Bevölkerung. Das ist nicht wie Grönland, wo man wisse, wie man sich gegen die Verstorbenen zu schützen habe, hatte der Vater zu ihr gesagt, als sie ihn zum letzten Mal sah.

In der Küche setzt sie sich ihren Stühlen gegenüber, so dass sie ein Dreieck bilden. Nachts schläft sie in ihrem alten Bett. Die Wanderstiefel stehen unter dem Stuhl, den sie zu sich an das Kopfende gezogen hat. Sie sammelt ihre Sachen dicht bei sich: die Überziehhose, die Jacke, die Mütze. Die Handschuhe zieht sie nicht aus. Vielleicht wird sie bald in den Tod hinabfallen. Als sie durch das Betttuch gleitet, ist ihr Körper ein Boot mit Kurs auf den Horizont, dann platzt irgendetwas, und Wasser sickert herein.

Das Schneehuhn ist eine Vogelart aus der Familie der Fasanenartigen *(Phasianidae), Lagopus muta*. Die besondere Unterart, *Lagopus muta hyperborea*, die nur hier oben lebt, ist schwerer als das gewöhnliche Schneehuhn. Ihr eigener Stammbaum scheint viel diffuser, ihr Vater wollte aber, dass sie alle lateinischen Bezeichnungen für die heimischen Tiere auswendig konnte. Er gab ihr Ohrstöpsel aus kleinen, hart zusammengerollten Papierfetzen, und zusammen wanderten sie mit schwerem Atem das Tal hinauf. Sie hat die Patrone mit so viel Kraft abgeschossen, wie sie irgend konnte. Als könnte sie ihren kleinen, künstlichen Planeten ins Weltall schießen. Eine messingfarbene Sonne in ihrer eigenen Umlaufbahn. Die Schüsse fielen zurück auf die Erde. Alles fiel auf sie selbst zurück. Man habe schon von Menschen gehört, die von einem senkrecht herabstürzenden Projektil getroffen worden seien, sagte ihr Vater, gerade durch die Fontanelle. Sie fürchtete, dass die ihrige noch ein bisschen offen stand. Anstatt nach Tieren Ausschau zu halten, fing sie an, Steine zu sammeln und sie in die Taschen zu stecken. Fossilien und viereckige Steine, auf denen man schreiben konnte, waren die besten. Sie sei eine Jägerin und eine Sammlerin, sagte ihr Vater. Ruckweise lief eine Träne über seinen rötlichen Dreitagebart. Unter seinen Händen machte sie sich kleiner. Ein Teppich aus Vogelgeschrei hatte fast alle ihre Gedanken gedämpft. Der Gewehrlauf und der Blick waren gegen den Boden gerichtet. Die Beine konnten nicht weiter laufen, aber ihr Vater sagte, dass der Tagesmarsch der römischen Legionäre 30 Kilometer gewesen sei, und das mit 40 Kilo schwerem Gepäck. Auf dem Nachhauseweg den Fjell hinab ging sie auf den antiken Resten eines Weinbergs, den zugespitzten Böden und Griffen von Amphoren. Er griff nach ihren Brüsten, sie ließen aber auf sich warten. Er wischte die Träne weg, lächelte und sagte, dass Rentiermilch wie fließender Käse sei, sie verstand nur nicht, was das mit ihr zu tun hatte. Draußen vor der Stadt paarte sich ein Schlittenhund mit einer der Hündinnen. Nur mit Mühe und Not reichte die Kette so weit, aber keine Kette ist stärker als der Trieb, sagte ihr Vater.

In den Nächten hörte sie, schien ihr, wie die Tiere ihre Körper gegen die Außenwände des Hauses rieben, bis das Fleisch von den Knochen fiel. Wenn sie in die Dunkelheit hinaustrat, nahm sie gar nicht wahr, wie ihr Schlafanzug die Feuchtigkeit des Morasts aufsog, so dass die Hose schwer und kalt an der Haut klebte. In der Schule sagten sie, ihre grünen Augen flackerten. Ihr Vater sagte, dass sie ein Haustier haben könne. Der Kanarienvogel hieß *Serinus canaria*, aber das müsse sie gar nicht wissen. Sie setzte ihn in die Schublade, die Schublade klemmte aber, so dass sie ihre ganze Kraft aufbieten musste. Und dann der Schrei, als der Vogel eingeklemmt wurde und hin war.

Der Kolben ruht in der Ellenbogenkehle gerade unter dem Oberarmmuskel. Sie muss aufpassen. Wenn der Abstand zwischen dem Zielfernrohr und dem Auge zu kurz ist, wird die Augenbraue gespalten. Links gibt es eine Reihe senkrechter, weißer Schnitte an der nackten Haut. Mit den Jahren sind sie breiter geworden. Verwischter. Sie weiß nie, wie sie erklären soll, dass ihr eine Augenbraue fehlt. Die plötzlichen und heftigen Windstöße machen es schwierig, auf das Tier zu zielen. Es scheint ihr, dass der Wind bei ihr viel stärker ist als am Ziel, dass der eiskalte Wind eine Art Kindheit ist. Wie der Geschmack vom Eiszapfen, wie eine Dachrinne auf der Zunge. Der Fuchs sieht an ihr vorbei, als ob sie seine Aufmerksamkeit nicht verdiente. Sie dreht sich um, vielleicht hat ein junger Eisbär sich über den Gletscher und den Fjell hinab verirrt, im Augenblick ist der Fuchs aber die einzige Provokation. Sie spuckt gegen den Wind und legt das schwere Gewehr an die Wange. Das Auge ist jetzt müde, ihr Kopf bewegt sich von der einen Seite zur anderen, aber es ist, als wollte das Tier sich nicht in ihr Fadenkreuz stellen. Wenn die Waffe und das Projektil kalt sind, ergebe das einen Tiefschuss und sie müsse sich auf die tieffliegenden Schneehühner konzentrieren, sagte ihr Vater, aber jetzt will sie den Fuchs. Sie reinigt ganz schnell den Gewehrlauf, bevor sie schießt. Bald wird sie ihre neuen Kollegen zum Abendessen im Gasthof treffen. Sie möchte Walsteak und Lachs. Mit dem zweitletzten Schuss trifft sie den Himmel.

Die Abkürzungen, die sie als Kind genommen hatte, verlängern jetzt den Nachhauseweg mit mehreren Kilometern, ohne dass sie versteht, warum das so ist. Wenn sie dem Gewehrrücken ihres Vaters folgte, war der Weg immer anders. Wenn sie ihr Gewehr nicht dabei hatte, versteckte sie ihre Brüste unter ihren gekreuzten Armen. Ihre Füße rutschten auf den flachen Steinen aus, als ob sie wüssten, was noch bevorstand. Wenn sie nach Hause kamen, nahmen sie immer die Hintertür, aber nachdem die Mutter bettlägerig geworden war, war das nicht mehr nötig.

Im Licht der Straßenlaternen hängen silberne Lamettafäden aus den Rachen der Schlittenhunde. Das Rauschen des Flusses wird durch Fjells und Häuser in kleinere Sequenzen zerstückelt, auf gleiche Weise fängt die Zeit immer wieder an, ruckweise und unerwartet. Heute Abend sind die Wege zwischen den Häusern grüne Kanäle. Die Fassaden der Häuser stehen offen, und sie sieht in die kleinen, bunten Schachteln hinein, wo die Leute sich über das Abendessen beugen, den Fischfang des Tages in ihre offenen Münder schaufeln oder gabeln. Man darf nie vergessen, das Gehirn vom Lachs zu essen, weil es fett- und proteinreich sei, sagte ihr Vater. Abends frieren die spitzen Pfützen zwischen den Fliesenecken zu Eis. Kleine, dreieckige Fenster, die nirgendwohin führen, undurchsichtig und zersplittert, wenn sie mit dem Gewehrkolben darauf klopft. Sie lässt die Schuhe draußen vor der Tür stehen, Zehenspitze gegen Zehenspitze. Für den Fuchs.

BRUCH

Der Motor vibriert zwischen ihren Schenkeln, und sie spürt den Wind in ihrem Kiefer. Er ist immer noch auf dem Fjord, als sie das Schneemobil startet, aus der Stadt fährt und die bunten Holzhäuser hinter sich lässt. Es ist April, minus fünf Grad, und die Sonne wird bald untergehen. Zum Glück ist es nicht so kalt wie früher. Jedes Mal wenn sie über einen größeren Stein fährt, macht das Schneemobil einen Hüpfer. Bald wird sie den letzten Rest der Sonne sehen können. Sie fährt zwischen die beiden Fjells, die einen Windtunnel bilden, und sie ist überzeugt, dass ihr Haar wie eine Schleppe unter dem Helm hervorsteht. So hätte er sie jetzt sehen sollen, ihr Mann. Sie wirft eine Schneewolke über die Landschaft, als sie den Hügel hinauffährt. Sie wechselt den Gang, um den Gipfel erreichen zu können, mit 57 Pferdestärken. 3-Zylinder. Sie träumt von einer Yamaha, die sie auf neue Höhen bringen kann. Unter ihr gibt es nur die Maschine, die sie mit der weißen Fläche von Eis und Nichts verbindet. Zusammen sind sie kontrollierte Energie. Der Wind geht durch den Schädel. Aus Nordwest. Der Schnee stiebt ihr waagerecht entgegen und ist so zäh, dass sie ihn fast kauen könnte. Glücklicherweise ist der Schnee hier oben steril. Bis jetzt auf jeden Fall. Heute ist es schwierig, den Himmel zu deuten. Vielleicht wird die Sonne doch nicht am Himmel stehen, wenn sie über den Gletscher kommt. Steine und Unebenheiten des Neuschnees lassen das Schneemobil ins Schleudern kommen. Die kleinen, holprigen Bewegungen sind elektrische Schläge durch den Körper. Die Landschaft ist ein Elektrokardiogramm

In den großen Städten ist sie ihre eigenen Marathon-Strecken gelaufen, um Gefahr und Angst zu begegnen. Potsdamer Straße und Oxford Street, H. C. Andersens Boulevard und Champs-Élysées. 5th Avenue fehlt ihr noch. Erst auf der Bordsteinkante, dann auf den weißen Mittelstreifen. Es ist immer eine Kunst, die richtige Abbiegespur zu wählen, damit sie das Tempo nicht herabsetzen muss. Es ist immer eine Kunst, den entgegenkommenden Autos zu entgehen, die ständig gerade vor ihr nach rechts oder links abbiegen. To the right or to the left, à droite ou à gauche. Das Unbekannte ist eine Sehweise, die Angst eine Reise geworden.

Sie lächelt, als sie daran denkt, wie das Blut den einen Schuh rot färbte. Es ist der Schmerz, der sie vorantreibt, sie aufmuntert. Hier oben kennt sie ihre Route auswendig, die großen Kurven und Windungen durch das schneebedeckte Terrain, die plötzlichen Steigungen und Gefälle. In ihr steckt ein ganzes Register über Räume und Strecken, die sie zu Fuß oder auf dem Schneemobil zurückgelegt hat. Kilometer um Kilometer hat sie die Topographie der Insel am eigenen Körper erfahren. Wenn sie den ganzen Weg hin und zurück ohne Unfälle fahren kann, dann erwartet sie zu Hause eine Prämie, die sie sich selbst gekauft hat.

Aus dem Ruderhaus wird er zur blassgelben Fassade des Krankenhauses hinaufblicken. Er wird glauben, dass sie immer noch da ist. Um 16 Uhr setzt sein Fjordboot die letzten Touristen ab, satt von Walsteak und Hunderten von fast identischen Fjells. Vielleicht sogar vom Schatten eines Eisbären oben auf dem Vogelfelsen. Der Gletscher sitzt wie ein Pfropfen in dem Fjord, sagt er. Mit einem Netz fängt er Eis auf der Wasserfläche und schenkt den Touristen Whisky ein. Er sagt, dass man bald das ganze Jahr hindurch segeln kann. Dass es bald kein Eis mehr für ihre Drinks gibt. Im weißen Hemd, mit der Krawatte und der blauen Hose sieht er wie der Kapitän aus, der er ist. In ihrem weißen Kittel sieht auch sie aus wie das, was sie ist. Sie kommt, wann es ihr passt.

Die Muskeln in den Schenkeln spannen sich, wenn sie sich in die Kurve legt. Sie macht erst Halt, wenn die Welt aufhört, sagt sie zu sich selbst, hält dann aber doch schon auf dem Gletscher an, hängt den Helm und die Schneebrille an die Lenkstange des Schneemobils. Das Weiß bohrt sich in den Blick und macht sie fast schneeblind. Sie denkt an die Kinder mit weißen Pupillen, die augenblickliches Eingreifen erfordern. Untersuchungen und Behandlungsverläufe. Sie denkt an das Kind, dass vor ein paar Jahren von ihrem Schneemobil erfasst wurde. Mitten im schlimmsten Schneesturm des Jahres. Sie winkt dem Kind oben auf dem Schneewall zu, und das Schneemobil gerät ins Schleudern. Sie weiß, dass Bremsen zwecklos ist, dann geht es erst recht schief. Damit kann sie sich später trösten. Das Kind, das vom Schneewall hinuntergleitet und vor ihren Kufen aufkommt. Ein Schrei in schwarz-weiß. Der Schrei. Das Schneemobil, das einen Augenblick vom Kurs abkommt. Sie hat es wieder getan. Ein Leben zerstört. In Gedanken sieht sie, wie das Kind sich aufrichtet und weiterläuft, als wäre nichts passiert. Und es läuft weiter, obwohl es gewiss starke Schmerzen hat, weil es sich nicht traut, nach Hause zu gehen und zu erzählen, was passiert ist. Das Kind darf nicht alleine draußen im Schneesturm sein. Kein Kind darf allein im Dunkeln herumlaufen.

Monate später, als der Schnee zu schmelzen beginnt, wird das kleine Mädchen im Sumpf gefunden. Man hatte lange nach ihr gesucht, hatte geglaubt, dass sie gestürzt und dann vor Kälte gestorben sei. Manchmal passiert es, dass Verschwundene erst im Frühling auftauchen. Das Kind ist angefahren worden, sagt der Arzt, und sie und ihre Kollegen stimmen zu. Die gebrochenen Knochen bezeugen das. Sie betrachten die Röntgenaufnahmen. Die Schädelfraktur. Der Bruch am unteren Teil der Schädelbasis. Gerade unter dem Gehirn. Eine typische Todesursache bei Verkehrsunfällen, sagt der Arzt. Sie nimmt die Brille ab, damit das Bild sich verschleiert. Sie denkt an den Aufprall, als sie auszuweichen versuchte. Ein schneller Schlag, dann war sie weg. Vielleicht hatte sie den Hinterkopf mit einer der Kufen überfahren. Die Leiche ist nicht verwest. Es gibt vieles, wovon man hier oben verschont bleibt. Durchnässte Krankenhauslaken, Blut, Schweiß und Fäkalien lassen sich aber nicht vermeiden. Eine der anderen Krankenschwestern behauptet, dass sie aus solchen Flecken die Zukunft vorhersagen kann. Wieder und wieder liest sie die Aufkleber der Ampullen. Trotzdem passiert es, dass sie die falsche nimmt.

Sie träumt, dass der Wundschorf Stück für Stück abfällt, dass sie sich über die Patienten erbricht, letzteres aber ist noch nicht passiert. Sie schiebt mobile Schirme hin und her. Verbirgt die

Mitternachtssonne, die oft in Blut und Urin getränkt ist. Zerlegt, faltet und baut zusammen. Patienten als flimmernde Kurven auf einem Bildschirm. Organischer Abfall. Die Serviette saugt Blut aus den Opfern. Der Arzt ist nur eine Fratze zwischen der Operationshaube und dem sterilen Kittel, vermummt, von Grün eingerahmt. Neutral. Der Arzt näht mit ruhiger Hand. Sie überlegt, ob sie das vergessene Papiertuch in der Wunde erwähnen soll. Die Naht ist sauber genäht und gerade. Nichts, worüber der Patient sich beschweren kann. Nach der Operation räumt sie auf. Legt das Knäuel aus Gummihandschuhen, blutigen Tampons und sterilen Papiertüchern in die Nierenschale aus Pappe. Wendet sich ab. Zieht die schmutzigen Handschuhe aus und wäscht sich die Hände. Nichtsdestotrotz gibt es einen zähflüssigen Streifen Blut im Spülbecken.
Ihre Aufgabe ist es, sich zu kümmern und die Schmerzen anderer zu lindern. Die Verletzten zu empfangen, wenn sie von dem Hubschrauber des Rettungsdienstes eingeliefert werden. Die unterkühlten Paddler aus dem Fjord, die mit ihren roten Plastikkajaks gekentert sind, die Mitteleuropäer, die nur vor den senkrechten Bergabhängen der Alpen Respekt haben und deshalb von den arktischen hinuntergleiten. Menschen, deren Leben auf dem Fjell eine unerwartete Wendung genommen hat. Komplizierte Beinbrüche. „Selbstmordkommandos" nennt sie die Touristen.
Später holt sie mehrmals die Röntgenaufnahmen hervor. Niemand hat von einer angefahrenen Person gehört, und niemand versteht, warum sie so lange dort liegen konnte, ohne dass ein Eisbär vorbeigekommen wäre. Sie hat den Zwischenfall mit dem Mädchen niemandem gegenüber erwähnt, und außerdem hatte sie gar keinen Dienst an dem Tag, als das Mädchen gefunden wurde. Trotzdem sieht sie das Mädchen im Kreis laufen. Sie sieht, wie die Rettungsmannschaft aus allen Richtungen kommt, wie der Luftdruck unter dem Rotorblatt sie wegschleudert. Die ganze Stadt steht Schlange, um über eine Brücke zu gehen, sie aber geht unter der Brücke, als wäre nichts geschehen. Wenn sie in das Neonlicht blickt, tränen ihre Augen nicht.

Sie steigt vom Schneemobil ab und blickt hinunter in ein Loch zwischen eckigen Felsblöcken, die vom Schnee fast bedeckt sind. Die achromatische Welt beruhigt sie. Hier ist alles schwarz und weiß und irgendetwas dazwischen. Asphalt, Schnee, Winterdunkel, Kohlenberge. Keine roten Farbtöne, die sie an offene Wunden, innere Organe und die hellroten Windungen des Gehirns erinnern. Der Steilhang trennt das Licht des Scheinwerfers von der Dunkelheit. Die Grenze zwischen oben und unten, zwischen Leben und Tod ist unklar, und dies ist kein Ort, wo der Rettungshubschrauber landen kann. Der Wind zerrt an den Haaren. Sie denkt an den Bergwanderer mit dem blutunterlaufenen Auge, das fast in den Schädel gedrückt war, und die Speisereste, die von seinen Zähnen wie Seetang hingen. Er sagte, dass sie schöne Ohrläppchen hätte. So etwas hatte sie noch nie gehört. Sie gab ihm ihr Namensschild, damit er während der Fahrt zum Festland etwas hatte, woran er sich halten konnte. In Gedanken sieht sie das kreisförmige Auge des Hubschrauberlandeplatzes. Sie denkt an die Erste-Hilfe-Kurse, an denen sie während ihrer Ausbildung teilnehmen musste. Und wie sie ein Herz nach dem anderen tödlich verletzt hatte, um es wieder in Gang zu bringen.

Der Schnee verschwindet unter ihr, der Körper ist aus Glas; als der Fels sie umschlingt, spürt sie den Spalt in ihrer Brust. Sie muss sich bewegen, um nicht zu frieren, die Bewegung ist in den Kniekehlen festgefroren und gibt keine Wärme oder Schutz für den Oberkörper. Sie denkt, dass ihre Hände den Körper bald vor Kälte loslassen werden.

BEIN

Sie hat ihr Bein verloren.
Wenn ihr Arm durch das Schwingen des langen Springseiles ermüdet, das eigentlich nur ein blaues Nylonseil vom Hafen ist, möchte sie wie die anderen Mädchen ins Seil einlaufen und springen. Dann passiert es manchmal, dass sie ihr Bein verliert. Es bleibt wie jedes andere Bein in einem soliden Stiefel mit festem Grund unter der Sohle senkrecht stehen, während sie darüber schwebt. Den Beinstumpf ausgestreckt. Es ist schwierig, auf einem Bein zu landen, ohne das Gleichgewicht zu verlieren und hart auf die Erde zu prallen. Es tut weh. Sie möchte am liebsten weinen, tut es aber nicht. Die anderen sollen nicht auf den Gedanken kommen, dass sie behindert ist. Dann helfen sie ihr wieder auf das Bein, und stützen sie, wenn sie den Stumpf in die Manschette steckt und das Unterbein festschnallt. Der Übergang zwischen der Prothese und ihrem Bein ist so fein und dünn, dass man fast nicht sieht, dass es sich um einen künstlichen Körperteil handelt, hat der Bandagist ihr gesagt. Darauf fällt aber niemand rein. Wieder schwingt sie das Springseil mit dem Arm, der jetzt immer stärker weh tut.
Sie hat ihr Bein verloren.
Und diesmal kann sie es nicht finden. Niemand versteht, wie es in der kargen Landschaft und in einer so kleinen Stadt verschwinden kann. Einige Leute sagen, dass ein Eisbär es genommen hat, aber sie versteht nicht, was ein Eisbär mit einer Beinprothese anfangen sollte. Eisbären fressen Seehunde und Möweneier, hat sie gehört, keine Mädchenbeine. Aus Silikon.

Plötzlich steht er vor ihr, der schwarze Pony ein bisschen zu lang. Ein dunkler Blick. Vielleicht hat er schon bemerkt, dass ihr ein Bein fehlt. Sie hat ihn noch nie zuvor gesehen. Er ist ein Fremder. Einer der Touristen oder der Sohn von einem der Neuangestellten in der Stadt. Sie kommen jedes Jahr zu dieser Zeit, und innerhalb von einer Woche oder von einem Jahr sind sie wieder weg. Sie sagt, dass ihr ein Bein fehlt, was er ja selber sehen kann. Er antwortet

nicht. Er starrt sie nur an, und sie versteht, dass sie jetzt dran ist. Vor den anderen. Sie fragt, ob er Norwegisch spricht. Er nickt. Sie denkt, dass der Quadratmeter, der die Fläche unter ihren Körpern ausmacht, ein zitternder Punkt ist, ein rhythmischer Anschlag am Straßenrand, der noch leuchten wird, wenn sie die Stelle verlassen haben. Die anderen werden vom Schulhof aus die Stelle erkennen können. Die Erschütterung wird sie mit sich tragen; im Atem, im Brustkorb und im Bauch.
In dem fehlenden Bein.
Sie sagt, dass sie zu ihr gehen können. Vor fünf Uhr ist sowieso niemand zu Hause. Ihre Augen geleiten seinen Blick die Hauptstraße entlang. Ihre Krücken haben zwei Gummifüße, und der Wind drückt ihr das Kleid zwischen die Beine. Er sagt, dass sie Sommerfinger hat. Solche, die an der Wasserfläche zeichnen können. Die Häuser haben unterschiedliche Farben, und er nickt in Richtung des gelben, als ob er schon wüsste, dass sie dort wohnt. Sie möchte fragen, ob er das oft tut, sie hat aber Angst vor seiner Antwort. Seine Fingernägel sind lang und oval. Nicht wie die eines Mannes. Er hat sich nackt ausgezogen und steht aufrecht vor ihr. Sie hat keine Lust, sich ihm zu nähern. Abgesehen von den Krücken ist auch sie ganz nackt, sie wagt ihn fast nicht anzuschauen; sie hat schon den Mut verloren. Dann aber denkt sie, dass sein Blick sicherlich Spuren auf ihrer Haut hinterlassen wird, die die anderen sehen werden, und dann kann sie es ebenso gut tun. Was hätte sie sonst tun sollen? Er fragt, ob sie Whisky oder Cognac hat, sie weiß aber nicht, was im Schrank ist, also schüttelt sie nur den Kopf. Alles hier oben ist zollfrei, hätte sie sagen können. Er sagt, dass sie Musik anmachen soll. Er betrachtet ihren Mund und dann ihre winzigen Brüste, die keck hervorstehen, obwohl sie so klein sind. Er lächelt, als er ihr privatestes Ding sieht. Sie nennt es ‚das Ding', weil sie nicht die Bezeichnungen mag, die die anderen verwenden. Das sind keine Wörter, die zu ihrem passen. Sie spürt, dass es ein bisschen wie Sprudel kitzelt, wenn er es betrachtet. In dem großen Spiegel an der Tür sieht sie ihn von hinten. Sie schlägt den Blick nieder und verbirgt den Atem so gut sie kann. Sie möchte gerne

wissen, woran er denkt, und warum sie so lange herumstehen sollen. Es ist nicht so einfach mit der Krücke. Hätte sie nur den Mut, sich auf das Bett zu setzen und die Beine ein bisschen zu spreizen, dann hätte er auch viel besser sehen können. Manchmal träumt sie, dass sie die Beine spreizt und dass sie nicht mehr da sind, die Beine. Sie fürchtet, dass es trotzdem nicht wirklich ist, das mit ihm und ihr.

Jetzt nähert er sich endlich und sagt, dass sie sich hinlegen soll. Er sieht in sie hinein, und dann untersucht er die Narbe auf dem Beinstumpf. Sie ist mindestens 12 Zentimeter lang und ähnelt einer Comic-Narbe; gebogen mit roten Pünktchen. Sie hat nichts dagegen, sie vorzuzeigen. Sie gehört zu ihr. Im unteren Teil des Stumpfes hat sie fast die Empfindung verloren. Wenn sie die Stelle berührt, ist es, als ob es kitzelt, aber nur ein wenig. Sie cremt sich die Haut jeden Morgen ein, damit der Beinstumpf nicht austrocknet. Sie möchte nicht, dass er verwelkt.

Das Bett ist eigentlich ein bisschen zu schmal, und ausnahmsweise ist es praktisch, dass ihr ein Bein fehlt. Er legt sich auf sie und küsst sie. Sie denkt, dass er die Zunge aus ihrem Mund nehmen und sie richtig küssen könnte. Dann steckt er seine Finger in ihr Ding, und danach sind sie ganz klebrig. Sie sinkt tief in die Matratze hinein. Ihrer Meinung nach hätte sie ein bisschen härter sein können. Seine Wange liegt auf ihrem Gesicht, sie spürt sein Ohr gegen ihre Nase, seine Ellenbogen stemmen sich gegen die Matratze. Gewiss kann er ihren Atem tief im Ohr spüren. Sie denkt daran, wie es im Spiegel aussieht, es gelingt ihr aber nicht, den Kopf zu drehen. Mit dem Beinstumpf folgt sie rhythmisch der Musik, saugt die Töne damit auf, bis er fast die Kontur verliert. Einen Augenblick lang ist es, als ob es zwischen ihnen regnen würde. Sie möchte ihm erzählen, dass es hier oben in allen Nuancen von Blau regnen kann. Nachher liegen sie dicht aneinander und schweigen. Sie liegen ganz flach auf der Matratze und betrachten die Zimmerdecke, und sie lässt ihre Finger sein Ding ganz vorsichtig streicheln, als wäre es ein kleiner Hamster.

Sie sieht ihm nach, als sein schwarzer Haarschopf zwischen den Häusern verschwindet. Auf der anderen Seite der Hauptstraße ist der Schulhof leer, und die Aussicht ist weißer als weiß. Es ist weder Nacht noch Tag, Sommer noch Winter. Jetzt zuckt die Narbe trotzdem ein bisschen, und der Kiefer tut ihr weh. Sie putzt sich die Zähne, obwohl es gar nicht Schlafenszeit ist. Das hat sie noch nie gemacht. Sie duscht auch. All das Blut zwischen den Oberschenkeln, das tropfende Haar, das Frottierhandtuch, das seine Saugfähigkeit fast verloren hat. Zuletzt hört sie mit dem Abreiben des Beinstumpfes auf. Sie rollt das Handtuch straff zusammen und versenkt es ganz unten im Waschkorb. Sie ist kleiner geworden, ein Stück kleiner, als ob sie langsam verschwinden, sich auflösen könnte. Ein Stück nach dem anderen. Sie hätte ihn gerne gefragt, ob er hier in die Schule gehen wird, welche Schulfächer er am liebsten mag und ob er wie sie davon träumt, den Führerschein zu machen. Sie hätte ihm erzählen können, dass ein Führerschein gar nicht nötig ist, weil man hier oben nirgendwohin fahren kann, dass der längste Weg 11 Kilometer ist und dass sie übrigens gar nicht weiß, ob sie mit dem Bein fahren kann. Das heißt mit dem fehlenden Bein. Vielleicht hätte ihn diese Information enttäuscht. Sie denkt an seine beiden nackten Füße.

NÄCHTLICHE STÖRUNG

Er weiß, dass er da ist. Er weiß es Wochen, bevor er ihn zum ersten Mal flüchtig sieht. Sobald die Schneemobile zur Ruhe kommen, schleicht er um das Haus herum. Er ist vorbereitet, und jeden Abend steht er mehrmals auf, um zu sehen, ob er ihn in der Dunkelheit erblicken kann. Den weißen Fleck. Den Fuchs. Im Winter gibt es nicht viel zu tun auf dieser Insel, und wenn der Schnee vom Himmel fällt, und der Nebel und die Dunkelheit alles verbergen, kann er den Lichtschimmer von den anderen Häusern nur noch erahnen. Sein eigenes ist unter einer kleinen Eiskappe fast verborgen. Immer gibt es etwas zwischen ihm und der Stadt. Dann ist er der einzige Bewohner auf 78 Grad Nord. Von November bis Februar sind die Tage und die Nächte gleich schwarz, und das gibt ihm die nötige Ruhe. Den Fjord und die See sieht man gar nicht mehr. Die Landschaft ist ohne Form und ohne Kontur, ist aber überall, ohne richtig da zu sein. Sein Körper und Kopf, das Haus und die ganze Welt sind eine große unsichtbare Landschaft wie damals, als er noch im Fjell drinnen war. Im Sommer spült das Meer seine Gedanken weit fort.

Schon im Frühling, der ein schmaler Keil zwischen Licht und Dunkelheit ist, kam er zum dunkelblauen Holzhaus mit den weißen Fensterrahmen. Ein geometrisches Motiv mit Polarfuchs, denken die Leute gewiss, die abends von der Bar oder den Veranstaltungen beim Roten Kreuz mit einer Taschenlampe und dem Gewehr über der Schulter nach Hause gehen. Wenn er aus der Kälte hereinkommt, riecht das Haus muffig. Am Haken sind mehrere nasse Mäntel übereinander gehängt. Er riecht nach Knoblauch, der nicht frisch ist, sondern schon durch den Magen und das Darmsystem befördert und danach durch die Haut ausgesondert worden ist.

Er hat keine persönlichen Gegenstände, nur alte Möbelstücke von den ehemaligen Bewohnern, Dosen mit Rasierschaum, leere Flaschen und unbestimmbare Wäscheberge. In der Küche stehen das Fernsehgerät, zwei Kochplatten, ein Tisch und der Stuhl, auf dem er sitzt. Der Perserteppich ist ein Stück Osten, das auf Abwege

geraten ist. Niemand erinnert sich, wie das passiert ist. Auf dem Tisch liegt die Zeitung von heute. Die leere Makrelendose dient als Aschenbecher. Manchmal vergisst er, Eier und Milch zu kaufen, Rentierwurst und Knoblauch vergisst er aber nie. Letzteres soll gut für die Gesundheit sein, hat er irgendwo gelesen. Manchmal trifft er einen fremden Rücken auf dem Weg zum Regal mit dem geräucherten Fleisch. Er denkt immer daran, eine Tüte gemahlenen Kaffee, Kuchen und vielleicht eine Flasche Lutefisk Akevitt vom Zollfrei-Shop in den Warenkorb zu legen. 250 Kronen für einen Liter. Viel zu teuer, findet er. Er muss Geld sparen, damit er ein bisschen länger bleiben kann.
Ab und zu erhebt er sich vom Stuhl und blickt auf den Fuchs, doch dann wird sein Blick durch ein letztes, einäugiges Schneemobil im Dunkeln gestört. Wenn er sich nach vorne bückt und sein Körper ein bisschen zusammenfällt, sieht er größer und furchterregender aus. Trotzdem bleibt der Fuchs sitzen. Er ist davon überzeugt, dass all seine Organe funktionieren, aber jetzt wandert etwas Neues und Unerklärliches durch den Körper. Er legt seine Hände an die Scheibe. Drückt seine Stirn mehrere Minuten lang gegen das kalte Glas, bis er mit zwei zusammengekniffenen Augen zur Zeitung zurückkehrt. Nachdem der Fuchs gekommen ist, stellt er sich manchmal auf die Zehenspitzen. Streckt sich aus. Es ist das erste Mal seit Jahren.
Er steht mitten auf dem Fußboden, in Unterhose und dem armygrünen Unterhemd mit den langen Ärmeln und den Knöpfen am Hals. Seine Kleider passen sich schnell seiner Körperform an. Die Asche von der Fjellkohle ist bräunlich, während die Asche, die lautlos von seinem trockenen Zigarillo abbricht, grau ist. Sie fällt an ihm herunter, schon zum dritten Mal heute. Er reibt sie in den Stoff, damit niemand sieht, dass er eine unsichere Hand hat. Er hebt die Flasche hoch, als ob er die Menge und ihre Wirkung genau beurteilen könnte. Früher hat er kleine Zeichen gemacht, damit er wüsste, wieviel er getrunken hatte und welche Wirkung eine gewisse Menge hatte, aber damit hat er längst aufgehört. Der Schnaps ist lauwarm und wird ein bisschen von seiner Schärfe auf

der Zunge verlieren. Er nimmt einen Schluck und dann noch einen, spürt das Feuer im Rachen, durch die Speiseröhre und die Explosion im Magen. Die Begierde erwacht nur einen Augenblick. Dann wartet er auf die Wärme und die Befreiung von den Gedanken. Er fühlt sich schwer. Und freundlich gesinnt gegenüber der Welt, die jetzt nur noch schöner und weißer wird. Alles schmilzt hinter der Augenhaut. Der Schnaps bildet einen kreisförmigen, flachen See auf dem Grund des Magens. Hier ist sein schwarzer Fleck im Weiß. Der kleine, weiße Fuchs sitzt immer an derselben Stelle zwischen zwei Steinen mit Schneespitzen. Einmal hat er gesehen, wie er den größten Stein beschnüffelt hat, und er denkt, dass ein anderes Tier vielleicht seinen Duftstoff dort hinterlassen hat. Einmal hat es ausgesehen, als ob er Blut im Mundwinkel und Krämpfe hätte. Er wollte rausgehen und das Blut mit seinem Daumen abwischen, wie er früher immer Blut von seinem eigenen Mundwinkel abwischte, wenn der Druck in der Mine zu groß wurde. Vielleicht war es aber nur ein Schatten im Pelz. Manchmal sehen sie sich mehrere Minuten an. Sie schauen sich tief in die Augen, und ein gegenseitiges Besitzverhältnis entsteht. Dann besitzen sie einen Teil vom anderen. Das ist ein rechtmäßiger Anspruch als Lebewesen, denkt er. Wenn der Fuchs nicht da ist, fehlt seinem Blick ein Fixpunkt, und er erblickt sich selbst in der Fensterscheibe, aber es ist das Gesicht seiner Mutter, das er sieht. Wenn er seine Haare wäscht, kräuseln sie sich im Nacken. Dann ist er wieder ein Junge, und sein Kopf rutscht von ihrer Schulter. In ihren warmen Schoß hinab.

Jeden Tag saugt er etwas vom Blau des Bildschirms auf. Er bleibt sitzen, bis es ihm als wahrscheinlich vorkommt, dass alle Männer und Frauen auf dem Schirm zu Bett gegangen sind. Im Polarwinter schimmert sein Haus manchmal so blau, dass die anderen Bewohner danach navigieren können. Auf diese Weise ertrinken sie nicht im Dunkeln. Der Wind atmet durch den Ofen. Er wickelt Tücher um die Wasserrohre, damit sie nicht platzen. Die Asche vom Ofen streut er auf das Eis vor dem Haus. Nachdem er in der Mine aufgehört hatte, war er zwei Tage lang im Krankenhaus, zur

Beobachtung, aber mit ihm stimme alles, sagten sie. Es war auch eine Krankenschwester aus Dänemark da, die sich in ihn verliebt hatte. Sie wolle sich mit ihm verloben, sagte sie. Es war gar nicht so einfach mit dem Dänischen. Das ist eine Sprache ohne Melodie, die weder singt noch flötet. Eigentlich müsste er zurück zum Festland, jetzt wo er im Ruhestand ist, aber er wird es noch ein paar Jahre hier schaffen. Die Eiszapfen entfernt er mit einem harten Schlag mit dem Besenstiel. Die Dachlawine trifft ihn dieses Jahr nicht. Mit spitzen Lippen saugt er den Kaffee in kleinen Schlucken ein. So dauert er länger. Der Sandkuchen wird immer älter unter seinem Blick. So wie die mumifizierten Mahlzeiten. Er weiß nicht mehr, wann er den Kuchen gekauft hat. Der Rauch vom Zigarillo legt sich wie Seidenfäden über sein Gesicht. Er ist ein grauer, fließender Strom.

Manchmal schreit der Fuchs in der Nacht wie eine Frau, und dann scheint es ihm, dass das Tier keine Augen mehr hat und dass sein Pelz so dünn und jämmerlich aussieht, dass man die nackte Haut sieht. Er legt eine Wurst auf die Treppenstufe, bevor er schlafen geht. Er träumt, dass das Auge des Fuchses Bernstein ist. Rot und durchsichtig.

Am frühen Morgen steht ein Rentier in der Einfahrt. Er fürchtet, dass es den Fuchs verscheucht. Als er noch ein Junge war, hatte das Telefon zwei Rentiergeweihe, auf denen der Hörer ruhte. Er nimmt den Hörer ab, obwohl niemand anruft. Um sicher zu sein. Man weiß ja nie. Nachts hat das Telefon erotische Stimmen. Er schiebt den Moment hinaus, wo er wieder auflegen muss, obwohl der Arm allmählich weh tut und er die Stirn runzeln muss. Er kann das mehrere Minuten hinausschieben. Oft ist die Verbindung frei von den Geräuschen und Stimmen anderer, wenn er auch manchmal meint, dass er sie als ein fernes Rauschen vernehmen kann. Der graue Plastikhörer ist so leicht, dass es keinen Sinn macht, ihn auf die Gabel zu knallen. Wenn er eine Nummer anruft, sind die Zahlen nicht ganz zufällig. Er zieht ungerade Zahlen vor. Dann ist es fast immer eine Frau, die den Anruf beantwortet. Er wickelt die Plastikschnur um den Finger wie bei den Hühnerringen, die

Spiralen ähneln. Er stellt sich vor, wie die Frau im Schatten auf dem Weg zum Telefon stolpert. Grauer Schnee rieselt vom Zigarillo. Wenn ein besonders großes Stück Asche abbricht, hat er ein glückliches Händchen mit Frauen. Er ruft nur nachts an, obwohl er nicht ganz sicher ist, ob er tatsächlich weiß, wann auf der Erde Nacht ist.

Es riecht nach Speck. Gebratener Speck mit Petersiliensoße, Petersilbesoße, wie seine Mutter immer sagte. Er darf nicht vergessen, vor dem nächsten Winter das Dach zu reparieren. Sein Geld reicht noch ein Jahr und einen Winter, dann muss er zurück zum Festland. Die Frau, die den Hörer abnimmt, wenn er seine Lieblingsnummer wählt, könnte glauben, dass er verrückt ist, was ja nicht stimmt. Nächstes Jahr wird er nur einmal einkaufen gehen. Ein Einkauf für den ganzen Winter. Und dann wird er direkt aus Dosen, Kartons und Tüten mit Römmegrütze essen.

Gesichter und Körper knicken wie ein Akkordeon zusammen, jedes Mal wenn das Monitorbild flackert. Die Wörter bilden keine Sätze mehr. Bilder und Stimmen werden im Fernseher zu Hackfleisch, zu Tausenden von kleinen, fleischfarbenen Quadraten ohne Zusammenhang. Als er den Fernseher ausschaltet, hört er das tapsende Geräusch von kleinen Pfoten auf den vereisten Stufen, die zur Haustür führen. Alle anderen Geräusche verstummen. Er steht mitten in der Stille. Das ist seine Art, Zeit zu gewinnen.

Minus 20 Grad ist die Luft, die mit dem Fuchs ins Haus dringt. Der Ofen ist nicht viel größer als der schmiedeeiserne Kessel, der darauf steht. Er spürt, wie der Fuchs am Kopfende des Bettes atmet. Aus seinem Maul tropft es feucht auf das Kopfkissen, aber das macht nichts. Er kommt so nahe, dass er ihn in die Lippen hätte beißen können, wenn er es gewollt hätte. Ratten sind auf Lippen aus, wer weiß, worauf Polarfüchse stehen. Es zischt ganz leise durch seine Nasenlöcher. Die Empfindung von einem anderen Gesicht so nah an dem seinigen ist nicht unangenehm. Es ist schon lange her, dass er eine Wange so nahe an seiner eigenen gespürt hat.

DER BLICK

Sie sieht den Optiker vor sich. Wie er eine Glaslinse nach der anderen vor ihr rechtes Auge und dann vor ihr linkes Auge schiebt. Sehen heißt nicht nur Sehen, sagt er. Selbst bei schwierigen Lichtverhältnissen, ja, selbst im schlimmsten Schneesturm wird sie besser sehen können als bei strahlendem Sonnenschein. Sie wird in neue Realitäten eintreten. Der Unterschied zwischen Tag und Nacht wird aufgehoben sein, und auch die kleinste Bewegung in der Ferne wird von der besonderen Technologie eingefangen, die in den Brillengläsern eingebaut ist. Nanotechnologie. Netzhaut, Hornhaut, Linse und Brillengläser werden eine Einheit sein. Und dann kommt die Fassung direkt aus dem Drucker, durch einen 3D-Scan von ihrer Schädelform gebildet. Mit eingebauten Sonnenzellen und Micro-USB, so dass ihre Koordinaten gespeichert und direkt in das Blickfeld projiziert werden. Nachher muss sie zugeben, dass sie nie besser gesehen hat als mit den neuen, progressiven Gläsern mit Anti-Reflex-Beschichtung und gehärtetem Clean-Effekt. Sie hat jetzt den Blick eines Raubvogels und die Welt einen neuen, glasklaren Schein bekommen. Sie hofft, dass oben auf dem Vogelfjell ein Eisbär auftaucht, und dass er sich auf die Nester der Eismöwen legen wird. Dann wird sie die Eier und die Jungen der Seevögel zählen. Nur so kann sie die Qualität ihres neuen, distanzierten Blickes kontrollieren. Es ist ein Blick für die Einöde. Er gehört nicht mehr zu der Stadt und schon gar nicht nach drinnen, wo sie den neuen Teleskopeffekt überhaupt nicht ausnützen kann. Als sie den Himmel wie eine Landkarte entfaltet, spaltet sich der Polarstern bifokal im linken Brillenglas.

TÜRSPION

Bevor alles anfängt, ist die Stille zwei Stockwerke hoch. Er spannt alle Muskeln des Körpers. Legt das Ohr an die Tür und atmet das Holz ein. Nikotin. Spanplatte. Seine Fingerabdrücke auf der gestrichenen Oberfläche. Am Wochenende hat er frei, gezwungenermaßen. Samstage und Sonntage machen ihn nervös. Montag Morgen ist er wieder auf seinem Posten. Er ist so pünktlich, dass man den Wecker nach ihm stellen kann. Er betrachtet das kleine Loch in der Tür, misst den Abstand, beugt sich vor, legt den Backenknochen an die Tür. Schon jetzt könnte er sein Auge an das Fischauge legen und einen verzerrten Ausschnitt des Treppenraums sehen. Zunächst einmal möchte er aber nur lauschen. Das Sehen kommt später. Für ihn ist es ein Prozess, ein Ritual, dem er Punkt für Punkt folgen muss, sagt er sich jeden Morgen um 7.03, wenn das Ganze beginnt.

Im Haus sind nur vier Wohnungen, und er wohnt im Erdgeschoss links. Er hätte es sich nicht anders wünschen können. Das Licht, das im Treppenhaus angemacht wird, der Knall des Timers wird in seinen Gehörgang gelenkt, macht das Trommelfell schwingen. Es beginnt mit den Schritten vom ersten Stockwerk rechts. Vier schwere Stiefel mit Gummisohlen. Zischlaute und Stimmen ohne Resonanz. Ambivalenz. Nur einen Augenblick ist die Stille wieder so still, dass er sie summen hört. Dann wird die Tür gegenüber geöffnet, er kennt ihre kleinen, kurzen Schritte gut, sie ist aber nicht die Richtige.

Das Rauschen im Fallrohr von der Toilette oben lässt sein Herz schneller schlagen. Er denkt an ihren nackten Unterleib fast genau über seinem Kopf. Die tropfenden Schamlippen. Es ist das Warten wert. Als sie über ihm die Tür zuwirft, sind seine Hände glänzende Magnetfelder. Er kann sie auswendig. Ihre Art, den Schlüsselbund und die Haare zurechtzuschütteln. Die entstellten Gesichtszüge. Das unnatürlich breite Profil durch das hervorstehende Auge der Tür. Manchmal lässt sie den Schlüsselbund vor seiner Fußmatte fallen und muss sich bücken, um ihn aufzunehmen. Dann öffnet er wie zufällig die Tür und fragt, ob er ihr helfen kann. Letzten Winter ging sie an Krücken, um Aufmerksamkeit zu erregen. Daran kann kein Zweifel sein. Er zieht sich ein bisschen zurück und macht für seinen Arm Platz, der die Türklinkc herunterdrücken wird. Manchmal hört er sie sogar auf der anderen Seite der Tür atmen. Er denkt daran, wie eisglatt es vor dem Eingang mit all dem Schnee und Eis ist. Polarnacht. Wie sie wieder stürzen könnte. Vor sich sieht er, wie sie vorsichtig die Hose auszieht und die Stirn runzelt, als sie die großen Blutansammlungen an der Hüfte und am Bein entdeckt. Seine Kleidung ist wichtig, wenn er sie trifft. Besonders wie seine Füße erscheinen. Schuhe und Socken müssen die richtigen sein. Heute ist er verspätet, nicht voll angezogen, und er hat eben Brot geschnitten. Mit dem neuen Grindmesser von zu Hause. Von den Färöern. Es ist 7.02. Normalerweise ist er nicht so nachlässig.

Die Treppe ist das Bindeglied zwischen ihnen. Die geraden Linien des Raumes krümmen sich an den Rändern. Der Raum öffnet sich ihr wie eine Wölbung. Türspion ist das richtige Wort. Er, der dahinter steht, ist genau das. Seine Hand ruht auf dem kalten Stahl. Das ist ein Kontrast zum warmen Schweiß auf der Haut. Als er die Türklinke herunterdrückt und die Tür im rechten Augenblick öffnet, ist da ein Abgrund vor seinem Blick. Sie schaut seine nackten Füße an. An den Füßen hat er lange, schwarze Haare. Bis an die Zehen. Zwischen den Haaren sind rote Flecken. Ihr Blick wandert von seinen niederen Extremitäten zu seinem Gesicht hinauf. Vergleicht den Haarwuchs. Sie schüttelt den Kopf ein wenig. Resigniert. Ein unangenehmes Gefühl wandert durch den Arm, erreicht die Hand und verstärkt den Griff um das Messer. Fieber. Trotzdem sind die Füße Eis auf dem kalten Steinboden. Er denkt, dass sie nach vorne stürzt, weil die Luft so dünn ist. Nach dem metallischen Geräusch tanzt das Messer einen Augenblick auf den harten Steinplatten, bevor es zur Ruhe kommt. Er betrachtet sie, und dann bückt er sich nach dem Messer. Die Blutspritzer bilden einen Halbkreis. Der Fußboden ist eine Pfütze.

Er geht unsicher den eisglatten Weg hinab. Rutscht im Schnee aus. Heute ist es ihm egal, ob er zu spät zur Uni kommt. Er sieht vor sich, wie sie ihren Körper in ein längliches, silberglänzendes Flightcase betten, wie die Feuerwehrleute ankommen und den Boden mit ihrem Wasserschlauch abspritzen. Das Blut wird ein löchriges Spitzenmuster bilden, bevor es verschwindet.

DIVA

Wenn sie schreit, ist sie der Star. Der Himmel hat keine Grenzen. Der Kajak gleitet durch das stille Wasser. Sie spürt ihren Körper. Die festen Brüste, den flachen Bauch. Sie lehnt sich ein wenig nach links, um sich zu spiegeln. Die ovale Gesichtsform, die gesunde Hautfarbe, den Pagenkopf. Auch die Erde neigt sich. Das Eismeer ist vollkommen und schwarz wie Teer. Wenn sie die Oberfläche mit dem Doppelpaddel durchbricht, wird sie sofort wieder glatt gestrichen wie ein Stück Seide. Als hätte sie die Tiefe nicht mal gestreift. Ausgeglichenheit ist alles, und die hat sie. Eisberge schweben vor ihr mit der einen Spitze gegen den Himmel, der anderen gegen das Dunkle; schmale und breite Gestalten. Karo. Karokönig und Karobube. Sie ist Karodame. Das Meereseis donnert schwach, wenn es sich bewegt. Sie segelt um das Eis herum. Alles hier sind Kulissen, ein kohlschwarzes Bühnenloch. Große und kleine Divaschreie, jene Schlagzeile wird sie nie vergessen, aber jetzt spürt sie, wie alles heilt. Sie hat schon grüne Eisberge gesehen, die sich im Wasser gedreht haben und jetzt ihre von grünen Algen bewachsene Unterseite bloßlegen. Eis sollte nur das Licht reflektieren.

Sie befindet sich mitten im unendlich langen Zyklus der Materie, die Tag und Nacht zu Bagatellen reduziert. Die Welt ist ein Molekül, und sie schwebt in der Mitte, ist ein Neutron. Erst sind es Wolken, dann sieht sie aber, dass Eisberge über den Himmel ziehen, und der Himmel ist gar nicht dort zu Ende, wo das Meer beginnt. Oder vielleicht ist es umgekehrt. Die Zeit ist endlich aufgehoben, abgeschafft, für immer eliminiert. Eine strahlende und klare Welt entsteht, wenn sie die Naturkräfte mit ihrem Doppelpaddel aus Grönland besiegt. Es ist extra für sie geschnitten worden, und ihre Hände krümmen sich um das gemaserte Holz, wie das Leben sich um die Erde krümmt. Hier kann sie bis in alle Ewigkeit kreisen.

Im Meeresspiegel betrachtet sie ihren schwarzen Pagenkopf vor dem schwarzen Hintergrund. Ihr Gesicht ist wie eine weiße Maske.

Sie streicht ihr Haar hinter das eine Ohr und dreht den Kopf ein wenig. Jetzt treibt eine Muschel auf dem Meer. Der Reißverschluss ihrer Jacke spaltet ihre Brust. Im goldenen Schnitt sieht sie dem Panorama ins Auge. Sie hat längst erkannt, dass das Panorama das ist, was Sinn im Leben macht.

Sie mag die Dämmerung nicht, diesen Zwischenzustand von noch-nicht und fast-vorüber, wo das Kommende und das Vergangene angedeutet werden. Ein Halblicht mit allzu vielen Möglichkeiten. Sie zieht das Licht vor, wo das Sichtbare das andere verdrängt, oder eben die Dunkelheit, die all das enthält, was gewesen ist. Dann sieht sie sich selbst am deutlichsten. Schwarzblaue Wolken ziehen über die Küste aufs Land. Ein Vorhang wird zugezogen. Silbernes Licht trifft das Meer. Genau in der Mitte des Bildes ruht ein leuchtender Punkt an der scharfen Kante zwischen Kajak und Meer. Alle Linien der Landschaft fließen in ihm zusammen, während ihre Sichtachsen an der Spitze von allem vereint werden. Sie ist eine vertikale Linie, der Kajak und das Doppelpaddel ein Kreuz. Eben deshalb macht die Komposition des Bildes einen Rückzug unmöglich. Als das Meer einen Sprung bekommt, ist der Kajak ein Keil, und jetzt hat sie einen Blick auf die Berge wie auf den Abgrund. Sie verewigt das perfekte Bild.

Der letzte Kopfsprung, die halbe Eskimorolle. Jetzt schmiegt sich der schwarze Spiegel um sie wie eine extra Haut.

LAST

Sie ist todsicher, dass er tot ist. Er ist ins Wasser gesprungen und hat sich ertränkt. Er sagt, dass er gewiss bald wieder zur Stadt zurückkehrt. Auf jeden Fall wenn er Hunger bekommt. So ist es immer mit Hunden.

Niemand hat ihn seit dem Tag letzte Woche gesehen, an dem er weggelaufen ist, gerade nachdem sie mit den Touristen auf dem Fjell gewesen sind. Die ganze Gruppe stöhnte über den schroffen Aufstieg, wenn sie aber den Schlittenhund mitnahmen, wurde die Stimmung immer leicht und heiter. Auf dem Fjell konnten die Touristen nach Fossilien suchen, so viele wie sie mit sich tragen konnten. Für das ungeübte Auge waren die meisten unsichtbar, und auf diese Weise hatte die Landschaft sich gegen ihre Gier gesichert. Wenn sie die Fjellpfade mit den kleinen, eiskalten Steinen in den Händen hinabliefen, vergingen immer mehrere Stunden, bevor die Wärme in die Finger zurückkehrte. Sie dürfe nicht vergessen, dass ein Schlittenhund ein Arbeitshund ist, sagt er.

Welche haben ihn unten an der steinigen Küste gefunden, sagt eine Stimme am Telefon. Er ist an Land getrieben. Gott sei Dank, sagt sie laut. Als er endlich nach Hause kommt, schlägt sie vor, dass sie ein kleines Kreuz aus Treibholz schnitzen. Er sagt, dass sie überhaupt keine Ahnung davon hat, welche Last es gewesen war, ihn die lange Strecke zu tragen. Er muss mindestens 35 Kilo wiegen, und sie weiß gar nicht, wie viele Pausen er machen musste und wie viele Schmerzen er jetzt im Rücken hat. Sie wird den Namen in das Holz schnitzen, sagt sie. Nur das G ist schwierig.

Jeden Tag sinkt sie noch ein bisschen tiefer in die Matratze hinein. Wenn sie erwacht, ruht eine Hundepfote auf ihrer Brust. Er hat doch nie einen Schlittenhund weinen hören, sagt sie. Niemand kann an ihrer Trauer etwas aussetzen. Der Hundeteppich ist doch ganz neu, sagt er. Sie hört immer noch seine Pfoten über den Holzfußboden laufen, obwohl er immer wieder sagt, dass er ja nie bei ihnen drinnen war.

BETRUG

Es gab irgendein Geräusch. Ein Klicken. Oder ein Knacken. Als er nochmals horcht, ist da nichts. Das Schlafzimmer flimmert vor seinem Blick, und er muss die Augen zusammenkneifen, um überhaupt etwas sehen zu können. Er hat schon Kopfschmerzen. Die Unterhose sitzt nicht richtig. Er hat sich wohl im Bett herumgewälzt. Er bildet sich ein, dass er sie jetzt von der Barrunde zurückkommen hört, dass das Geräusch von der Haustür kam, als sie sie zugemacht hat. Einen kurzen Augenblick möchte er dem Dunkel zulächeln. Sie kann Türen in einer besonders behutsamen Weise öffnen und schließen, wenn sie spät nach Hause kommt und er schon längst zu Bett gegangen ist. Oft taucht sie erst nach Mitternacht auf, und oft schläft sie morgens noch, so dass er sie nicht fragen kann, warum sie so lange weg war. Er muss früh aufstehen. Die Arbeit beansprucht ihn, und er gönnt ihr den langen Schlaf. Besonders jetzt im Sommer, wo man die ganze Nacht wach liegen kann. Jetzt muss er mit den Gedanken sparsam umgehen, damit er wieder einschlafen kann. Es ist immer eine schlechte Idee, auf die Uhr zu schauen. Dann wartet er nur darauf, dass sie ins Bett kommt. Wenn sie sich ins Bett gelegt hat, wird sie ihm den Rücken zukehren. Er soll sie nicht anrühren, sagt ihre Körpersprache. Auch sie braucht ihren Schlaf.
Jetzt hört er etwas, das klirrt, als hätte sie eine Gabel auf den Küchentisch fallen lassen. Er konzentriert sich darauf, nicht zu hören, was sie in der Küche macht, und je mehr er sich konzentriert, desto weniger traut er seinem Gehör. Er hat eine Flasche Wein und noch dazu zwei starke Biere getrunken, bevor er schlafen ging. Dann schläft er einfach besser. Wenn er aber ein bisschen betrunken ist und dann aufwacht, kann er nicht wieder einschlafen.

Er hatte ihr Gesicht in der U-Bahn in Berlin gesehen. In der U-Bahn, sagte er später, in der U-Bahn ist es einfach passiert. Wie er hat auch sie den Kopf gegen die Graffiti der Zugscheibe gelehnt und das Gehirn vibrieren lassen. Der Zug war voll von Computertaschen und iPads, Wolken aus Männergeruch und Parfum. Synchrone Erschütterungen und das Geräusch von Bierdosen, die im Takt mit dem stampfenden Rhythmus der Räder geöffnet wurden. Ganz zufällig musste er an derselben Station aussteigen, und was war natürlicher als ihr zu folgen? Stadtmitte. Werbungen für Kinofilme und Sprachkurse lange, gewölbte Tunnel entlang, wo Akkordeonmusik zwischen hellgelben Kachelwänden hin und her geschleudert wurde, als wäre der Untergrund ein großes Badezimmer. Oben auf dem breiten Bürgersteig verschwand sie. In eine Buchhandlung, ein Café oder vielleicht in ein Modegeschäft. Er ging durch die Straßen, hoffte, dass sie aus einer der Glasfassaden kommen würde. Er fand, dass die Menschen sich die ganze Zeit änderten, plötzlich aber stand sie da. Ihre Haut leuchtete, und ihre Haare waren wie einer der Wasserfälle zu Hause. Wie die Flüsse, wenn die Sonne unterging. Sie hatte eine kleine Nase und einen kleinen Mund. Alles hatte sich in der Mitte des Gesichts gesammelt, sich zusammengedrängt, dachte er. Es war kein Gesicht, in dem man sich verlaufen könnte. Umso besser. Sie sah direkt in seine Mitte, und dann musste er sie fragen, ob sie sich nicht neulich auf einer Party getroffen hätten. Die dümmste Frage, die man überhaupt stellen konnte, sie aber nickte zustimmend.

Er sprach. Sie hörte zu. Während sie Kaugummi kaute. Damals hat sie die Haare mit Henna gefärbt. Intensiv rot. Anscheinend konnte sie nicht sehen, dass die Farbe ihr nicht stand. Er fand, dass Henna zu nordischen Frauen mit Sommersprossen und breiten Stupsnäschen passte. Es war schwierig, die roten Haare mit den asiatischen Zügen zu vereinen. Er sagte aber nichts. Ihr Mund wurde breiter, wenn sie aus Spaß schielte. Sie hatte so viele gegensätzliche Bewegungen und unerwartete Laute, und wenn sie lange genug üben würde, könnte sie gewiss auch mit den Augen knirschen und knacken, dachte er. Wie wenn sie im Café den Zucker mit dem Löffel zermalmte. Sie sagte fast nichts, und wenn es endlich passierte, fand er, dass ihrer Stimme persönliche Farbe und Klang fehlte. Eine so vollkommene Neutralität hatte er von so roten Haaren nicht erwartet.

Das nächste Mal, dass sie sich trafen, war in einem Café in einer Vorstadt, wo er nie zuvor gewesen war. Sie saß an einem der runden Tische und schrieb in ein Notizbuch, der Milchschaum vom Cappuccino klebte an ihrer Oberlippe, als sie die Tasse auf die Untertasse stellte. Er sah aber fast nur die Haare. Die eine Hälfte hatte sie sich wie einen Schal um Nacken und Hals geworfen, so dass sie ihre Brust fast bedeckte. Die andere Hälfte war wieder der Wasserfall aus dem Norden. Er fand nie heraus, was sie schrieb, obwohl sie ein Notizbuch nach dem anderen vollschrieb. Vielleicht waren es private Überlegungen oder kleine Gedichte, die ihre fertige Gestalt noch nicht gefunden hatten. Obwohl er lieber Englisch sprach, bot sie ihm ein gebrochenes Deutsch an.
Er sprach alle Sprachen schnell und konzentriert, die Grammatik musste dann einfach mithalten so gut es ging. Wenn es ihm nicht gelang, einen langen, komplizierten Satz mit heiler Haut zu beenden, wechselte er einfach ins Norwegische. Ihr schien es keinen Unterschied zu machen. Als sie zu seinen langen Aufklärungen über Fjells und Wölfe und samische Frauen, die joiken konnten, so dass die Rentiere mitsangen, lächelte und nickte, wechselte er ganz in seinen nordnorwegischen Dialekt. Er wusste jetzt, dass sie ihn verstand.
Wenn ihr Schatten mit den Tröpfchen von Atem sich über sein Gesicht beugte, bekam die Luft einen ganz besonderen Farbton, und dann schwieg er einen Augenblick. Wenn sie miteinander geschlafen hatten, zeichnete sie die Linien seiner Hände mit ihrem zarten Zeigefinger nach. Es war der Zeigefinger eines Kindes, fand er, wenn er sich an den Knochenvorsprüngen entlang bewegte. Lebenslinie. Er hatte keine Schicksalslinie, und die Liebeslinien waren zu kurz und undeutlich. Sie lächelte zufrieden. Sie schmiegte sich eng an seinen Körper, bis sie einschlief. Wenn er spürte, dass sie schlief, hielt er ihr Gesicht zwischen seinen großen Händen und drücke ihre beiden Gesichtshälften gegen einander, in die Mitte von Allem, und dann geschah in ihm etwas, das er nicht erklären konnte. Sie schlief so lautlos, wie sie lebte. Er dachte an den Atem, der ihre Münder vereinte.

Den Tag und die Nacht im Polarwinter zu berühren ist, wie wenn man die Hand durch einen schwarzen Vorhang steckt, der dünn und glatt und blank ist, es gibt aber keinen Schutz für denjenigen, der nach der Nacht greift. Solche Sätze hatte er als Kind gehört, und er wiederholte sie jetzt. Zwei Wochen nach ihrem ersten Treffen zog sie mit ihm nach Norden. Sie ließen sich dort nieder, weil er die Welt verlassen wollte, die nur aus Rissen und Spalten bestand, zurück zu seiner eigenen Welt. Und hier oben auf dem Gipfel der Erde waren die Fjells schwarz, und die Arbeit war gut bezahlt. Der Stadtname war ein fremder Geschmack, den sie auf der Zunge hin und her schob, ohne ihn schlucken zu können. Fast wie Kaugummi. Sie sah sich in der trockenen, steinigen Landschaft um, nickte unmerklich und stellte ihre Stiefel in den kleinen Flur. Er hätte nie gedacht, dass es so einfach sein könnte. Er freute sich darauf, sie zu loben, wenn sie beginnen würde, Norwegisch zu sprechen. Vielleicht würden sie sich dann später erzählen, dass sie das ganze Leben nur auf den anderen gewartet und jetzt endlich die wahre Liebe gefunden hatten. Vielleicht würden sie etwas ganz anderes sagen. Mit der Zeit und mit den Fjells als Hintergrund war sie geschrumpft. Die Haare waren schwarz geworden wie die stillgelegten Minen. Wie die anderen hier oben hatte sie eine leichte Schlagseite vom Wind bekommen; eine dünne, goldene Gestalt, die verlorengehen könnte, wenn man sie nicht über den Morast trüge. Trotzdem fühlte er sich manchmal schwächer als sie trotz seines großen, norwegischen Körpers. Wenn er sie behalten wollte, müsste sie die Nächte für sich haben, hatte sie gesagt.

Jede Nacht war sie in seinen Träumen, so dass er am Morgen von ihrer Nähe vibrierte, auch wenn sie gar nicht da war. Manchmal ging die Erinnerung an ihr Gesicht mitten in all den Alltäglichkeiten verloren, und dann musste er sich fragen, ob sie immer noch da sei. Ob sie noch existiere. Aber dann erblickte er im Flur die langen, türkisfarbenen Stiefel, die ihre hohen, spitzen Absätze in seine großen Wanderschuhe bohrten, und so wusste er, dass sie immer noch da war. Sie war wie die Tundra. Wenn er sie näher betrachtete, war sie voll Farben. Wenn er sich ganz dicht an sie legte und den Abstand zwischen ihnen entfernte, entfernte er auch das Licht zwischen ihnen. Manchmal stellte er sich vor, dass ihr Bauch vor Hunger ganz flach war.

Eines Abends vergaß sie ihren Schlüssel, und um 3 Uhr klopfte sie hart an die Fensterscheibe. Als er der Dunkelheit öffnete, sah er zum ersten Mal einen senkrechten Spalt mitten durch ihr Gesicht unter den hoch aufgesteckten Haaren, denen es jetzt auch an Kohäsionskraft fehlte. Komm rein, sagte er und ging ins Schlafzimmer zurück. Jetzt spürte er sie im ganzen Brustkorb, obwohl sie schwieg und ihn ignorierte. Einmal ohrfeigte sie ihn im Schlaf. Eine kurze, scharfe Bewegung, die das Unkomplizierte und Zusammengewachsene an ihrem Verhältnis für immer zerstörte.

Als er endlich aufsteht, findet er nichts, das zerbrochen ist. Alles scheint ihm intakt, dann sieht er aber das kohlschwarze Brandmal von der Zigarette, die sie auf dem Esstisch hinterlassen hat. Gerade dort, wo sie immer mit dem Rücken zur Landschaft saß. Er rückt den Tisch ganz dicht an die Wand. Bis zum Fenster. Dann stützt er sein Kinn auf die Tischplatte. Das Licht atmet für ihn. Durch die Nase, in den Brustkorb hinunter, in den Magen, der groß und hohl wird. Auf die Karte hat sie keinen Gruß geschrieben, nicht mal ein paar Worte auf Norwegisch. Alles klar, hätte er ihr geantwortet, hätte er ihre Adresse in Italien, oder wo immer er sie sich sonst vorstellen kann, gehabt.

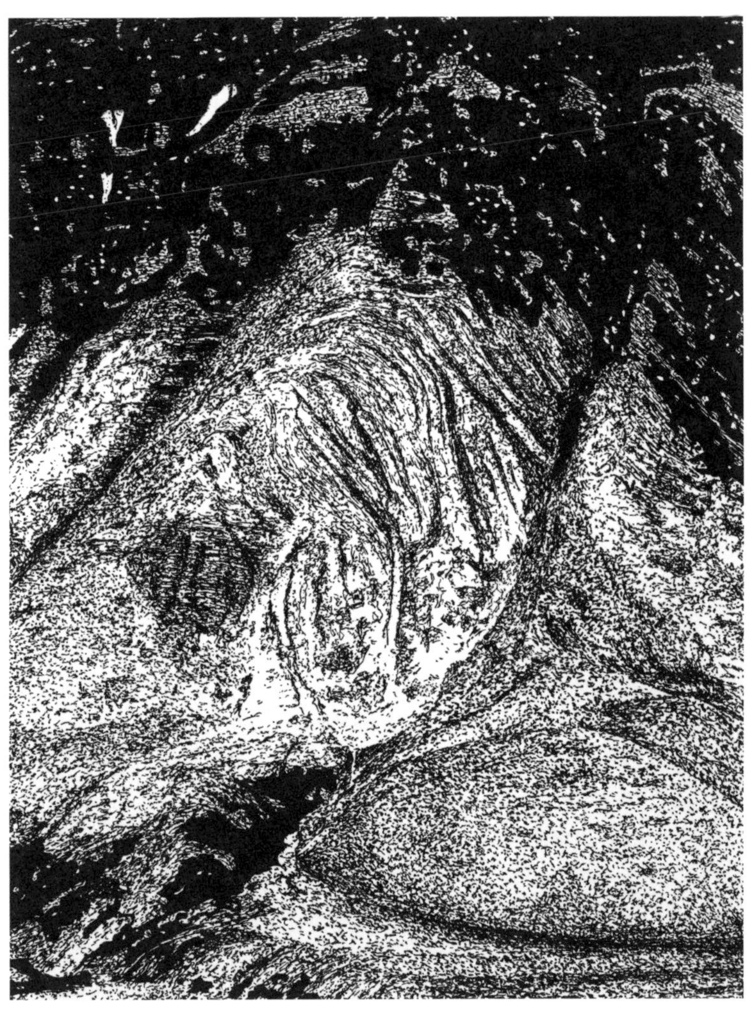

EIS

Die fünf nackten Frauen, die einen Kreis um ihn bilden, schwitzen. Es sind 29 Grad in Kopenhagen, und die Luft steht still zwischen den alten Giebelhäusern auf dem Gråbrødretorv. Die Frauen werfen ihm kühle Blicke zu. Es gibt nichts, was einen Frauenkörper so strahlen lässt wie Wärme, denkt er. Es tropft von ihren Brüsten. Von ihren Schößen, wo die Feuchtigkeit sich zuerst sammelt, rieselt ein Bach zwischen ihren Schenkeln. Von ihren Fingern geht ein kleines Regenwetter aus. Wie eine Dachrinne, die überläuft. Er sieht von der einen zur anderen und nickt. Sein größtes Problem ist, wenn eine von ihnen vorzeitig zusammenbricht. Bald sind sie ohnehin weg, und das gilt auch für die Menschenmenge, die wegen des Ereignisses zusammengeströmt ist. Plötzlich wird alles schnell gehen, und er wird alleine da stehen. Schwitzend in einem fremden Land.

An der Kunstakademie in Paris stellte er sich für die Zukunft eine großartige Karriere vor. Wie die Galerien seine Skulpturen aus Beton und Stein ausstellen würden, wie der zuständige Kunsteinkäufer des Staates vorbeikommen würde und sich die Werke anschaut und wie der Galerist kleine, rote Punkte an die Schilder mit seinem Namen kleben würde. Dann aber kam die Finanzkrise, und die wenigen, die noch Kunst kauften, zogen Gemälde vor, die viel austauschbarer sein würden, wenn Geschmack und ökonomische Lage sich änderten. Er stand einfach da und hatte sich an die Künstlerrolle gewöhnt. Mit einem Atelier voll von Wolkenformationen aus Marmor und Beton, obwohl jeder sagte, dass seine Fähigkeit, dem schweren Stein einen immateriellen Ausdruck zu verleihen, unvergleichlich sei.
Seine Kommilitonen aus der Akademiezeit malten leichte, transparente Ölbilder, fast wie Aquarelle. Ein paar von ihnen machten Collagen aus farbigen Acrylplatten, die sie in kleinere Stücke zersägten und zerbrachen als eine Andeutung der Fenstermosaiken in der Kathedrale. In allen Werken war Licht, dann war der

Übergang von Beton und Stein zu Eis nicht so überwältigend. Er richtete sich nach der Nachfrage des Marktes, ging von Kunst zu Kitsch über, von Galerien zu Beach Partys und Wodkabars. Sein Logo war ein Chamäleon aus Eis, das jede Minute die Farbe wechselte, und genau das war er auch.

Letzte Woche Amsterdam, gestern Kopenhagen und jetzt Berlin. Das Klirren von Gläsern, die hinter seinem Rücken gestapelt werden, Löffel, die kollidieren, Gabeln, die sich verfilzen. Hände rücken alles herum, schieben rasselnde und bimmelnde Servierwagen hin und her. Er krümmt den Rücken um seine Hände. Die Lichttapete wird immer schlechter, wenn es dunkel wird, und die Touristen stehen bleiben, um seine Hände anzuschauen, die hier neben dem roten Teppich schleifen und erschaffen, während Pikkolos vergoldete Gepäckwagen durch die Prachttür des Hotels hinein- und hinausschieben. Er ist von ihrem Rhythmus beherrscht.

Die letzte Eisbar hat er in Zusammenarbeit mit einem der führenden Eisarchitekten der Gegenwart gestaltet. Hier sitzen die Gäste in ihren Daunenjacken, Skihosen, dicken Fäustlingen und gefütterten Winterstiefeln. Viele tausend Watt sorgen für eine konstante Temperatur von mindestens minus acht Grad. Ein Glück, dass der russische Wodka nicht gefriert. Einige sagen, dass es so ist, als ob sie in einen Kühlschrank hineintreten würden, und es gibt tatsächlich gewisse Ähnlichkeiten, wenn man die Tür mit der schwarzen Gummileiste und dem großen Türgriff betrachtet.

Die Theke ist nicht groß, aber blank poliert. Sie wechselt jede Minute die Farbe, so dass die Eiskristalle, blau, grün und violett schimmern. Auf den durchsichtigen Sitzkuben liegen Rentierfelle. Selbst die Gläser sind aus Eis gemacht. Am Anfang nippen die Gäste nur vorsichtig am Wodka, aus Angst, dass ihre Lippen am Glas festfrieren. Es ist immer schwierig, die kleinen Shotgläser mit den dicken Fäustlingen festzuhalten, und immer wieder passieren kleine Unfälle. Sie bedeuten aber zugleich mehr Kunden in der Bar, an denen er gut verdient. 2000 Gläser muss er pro Woche gießen. Wenn man an der Theke etwas verschüttet, wird sie einfach glatt gehobelt, sagt der Barkeeper den beeindruckten Gästen.

Das einzige Problem, das er noch nicht hat lösen können, sind die Toiletten. Selbst wenn farbiges Licht in den Klosettbecken aus Eis installiert wird, kann man nicht verheimlichen, was nicht weggespült werden kann und mehrere Meter unten in einer Vertiefung endet. Es ist kein schöner Anblick. Schön ist es auch nicht, wenn die Gäste in ihrer Trunkenheit auf dem eisglatten Fußboden ausrutschen. Es gab schon ernste Knochenbrüche. Trotzdem ist es nie schöner gewesen, von der Welt kaltgestellt zu werden.

Durch die großen Fensterscheiben des Hotels sieht er Kronleuchter, Eichenholztäfelung, hohe Spiegel und weiße Tischdecken. Neben ihm sind sie dabei, den Eisberg fertigzumachen, den sie mit Hummern, Austern und exotischen Fischen bedecken werden. Der Berg ist ein Teil der Bar, deren Höhepunkt seine Skulptur ist. Wenn es nach ihm ginge, würde er sie alle in seinem Werk einfrieren. Den Hummer wie den Kellner. Er spürt den Geruch von billigem Aftershave und dem Schweiß der Touristen nach einem langen Tag mit Brandenburger Tor und Rekonstruktionen der Mauer. Fließende Bewegungen im Raum. Bis alles seinen Platz gefunden hat.

Er spiegelt sich im Werk. Sein Gesicht ist unschlüssig. Er spürt die Impulse und die Erschütterungen, die von der eiskalten Haut ausströmen, das starke, blaue Licht macht ihn aber zuversichtlich. Dann nimmt er die Pressluftanlage und bläst die Oberfläche sauber und glatt. Mit dem kleinen Bügeleisen schmilzt er die oberste Schicht, so dass eine spiegelblanke Figur entsteht. Mit beiden Händen streichelt er ihre Schulter und die kleinen Brüste, die sich wie Seide anfühlen. Nichts in der Welt ist wirklicher als ihre kleinen, knorrigen Brustwarzen, die direkt auf ihn deuten. Jetzt löst sich sein Gesicht.

Der Kühlwagen ist voll von Eisblöcken in verschiedenen Größen. Es gibt nichts, was er nicht machen kann; Kirchen, Schlösser, Brüste, Geschlechtsteile in Übergröße, Vulkane, Spiegelreflexkameras mit allen Einzelheiten, Canon oder Nikon ganz nach Belieben, Buchstaben und alle gängigen Automarken mit Logo und Rückspiegel. Unmögliche, geometrische Konstruktionen. Ganze Inte-

rieurs. Gute Architektur kommuniziert, wie er immer sagt. Jeder Eis-Event ist außergewöhnlich. Und dann gibt es natürlich die anatomischen Figuren in Eis, wo er die Oberhaut entfernt und die Transparenz der Lederhaut, der Unterhaut und die Fettdepots bloßlegt. Sich mühsam und bis ins kleinste Detail einen Weg durch die Epidermis zu bahnen ist sein neues Interesse. Haut aus Eis ist das, was ihn glücklich macht. Einfrieren von Objekten ist der Trend der Zeit. Auch auf den kleinsten, unansehlichsten Gegenstand wird neues Licht geworfen, und er wird der Mittelpunkt jeder Gesellschaft, wenn er in einem seiner durchsichtigen Eisblöcke eingefroren, durch bunte LED-Birnen beleuchtet und auf einer der besonders dafür hergestellten Aluminiumsockel ausgestellt wird. Er kann die Form des Eisblockes dem Gegenstand anpassen, und er garantiert, dass er von suchenden Händen bewundert und berührt wird.
Der Eisblock wächst in die Höhe, und dann muss er warten, bis die Schicht so dick ist, dass er den Gegenstand auf das Eis legen kann, und bald hat der Block sich darum geschlossen. Die wachsende Eisschicht hat ihren eigenen Zeitfaktor und ihre eigene unregelmäßige Topographie, eine Landschaft aus Knollen und Beulen. Einige Gegenstände bewegen sich zum Wasserspiegel hinauf und müssen unter dem Wasser festgehalten werden. Der Auftrieb und die Strömungen an der Wasseroberfläche bereiten ihm Probleme, und die Anbringung des Gegenstandes wird durch die Perspektivverzerrung und die Brechung des Lichtes erschwert. Manchmal kann es mehrere Tage dauern, bevor das Eis perfekt ist. Seine Hände sind rot, aber Kunst ist dafür genau das richtige Wort. Seine Kunstwerke verlieren ständig an Substanz, und sogar die Kunstkritiker sprechen endlich lobend von einem postmodernen Kunstkonzept in einer Welt, wo alles fluoreszierende Ränder hat.

Als ihm die Idee für sein endgültiges Werk an einem Ort soweit nördlich wie nur möglich einfällt, packt er Winkelschleifer, Hammer, Meißel, Schutzbrille und Arbeitshandschuhe in den Koffer. *Das Floß der Medusa.* Eine größere Figurenkomposition in einem

noch größeren Eisblock. Bis jetzt seine größte Herausforderung. Die Schiffskatastrophe im Jahre 1816 vor der Küste Westafrikas. Er hat den Augenblick ausgesucht, wo die wenigen übriggebliebenen Schiffbrüchigen auf dem Floß die Schwächeren über Bord geworfen haben und sich jetzt gegenseitig verzehren. Das heißt den Augenblick, wo sie ihre französische Kultur und Zivilisation abwerfen, und die Nation sich selber verschlingt. Die Zeit ist nicht reif für eiskalten Kannibalismus im Schimmer der blauen, roten und weißen Lichtdioden mitten auf den Champs-Élysées. Die Insel am Nordpol ist daher die richtige Wahl.
Hier tragen die gläsernen Eisblöcke den Himmel in sich. Die Leute haben noch ein natürliches Verhältnis zum Eis, und unter 22 Grad bildet das Wasser kubische Formen, diamantene Strukturen und amorphe Modifikationen. Wenn ein Riss im Meereseis entsteht, kann er an Land ein pfeifendes Geräusch hören. Der Ton fällt im Laufe einer Nanosekunde von einer hohen zu einer niedrigen Frequenz. Es ist wie das Geräusch eines Projektils. Im fließenden Zustand des Wassers herrscht sowohl Ordnung als auch Chaos. Im Eis kann er das Verlorene wieder errichten. Er kann zeigen, wie die Atome im Molekül vereint sind. Kosmos ist es, was er in seinen Werken fixiert.

Niemand, und schon gar nicht die Meteorologen, haben den plötzlichen Wetterumschlag vorhergesehen, aber gegen neun Uhr öffnet sich die schwarzblaue Himmelkuppel. Der Schnee fällt schnell und deckt bald alles zu. Um Mitternacht sind die Stadt und die Landschaft in Stille verwandelt. Jene Art von Stille, die jeden Laut verstärkt. Später in der Nacht wird er hören, wie der Schnee sich unter seinen Stiefeln zusammenballt, und das wird der einzige Laut in der Welt sein, wenn er sein Werk beginnt. Das Nichts wird vernehmlich. In einer solchen Nacht braucht man keine Worte, um in die Leere zu schauen. Was ja seine Absicht ist. Transparenz herzustellen. Die Vorstellung von nichts fordert viel mehr von dem menschlichen Gehirn als die Vorstellung von all dem, was es gibt oder *vielleicht* gibt. Sich das nicht Sichtbare vorzustellen ist die größte Herausforderung, der er sich stellen kann. Eis ohne Sauerstoff ist Eis ohne Luftblasen, völlig durchsichtig und mit demselben bläulichen Farbton wie die Dunkelheit. Er will ein Werk hervorbringen, das sich selber aufhebt, das sich in einem Material materialisiert, das keine Materie ist und das im nächsten Moment schmelzen oder verdampfen wird und dann eben nicht mehr ist. Die Stille wird er mit den Schlägen des Hammers gegen den Meißel und dem Knurren des Winkelschleifers brechen.

Worauf er aus ist, ist das völlig transparente Eis. Das völlig transparente Motiv, eingefroren in einer völlig transparenten Form. Eis in Eis. Er kocht das Wasser, einen Topf nach dem anderen, entfernt alle Luftblasen, verdichtet die Wassermoleküle. Er lässt das Wasser abkühlen und wieder aufkochen und abkühlen. Dann deckt er alles mit Plastik zu, damit kein Staub sich darüber legt. Endlich gießt er den größten Teil des Wassers in die große Form und deckt alles wieder zu. Jetzt fängt das Einfrieren an, während er das eigentliche Werk ausschneidet, das zur rechten Zeit in den Block heruntergelassen wird. Transparenz in Transparenz. Die unsichtbare Wiedergabe des Unsagbaren kann beginnen.

Das Wasser ist hart und spiegelblank. Mit Winkelschleifer, Hammer und Meißel entfernt er alles Überschüssige. Das theatralische Motiv ist eine Bühne. Gesichter und Glieder wachsen aus dem Eis. Die perfekte Wiedergabe, die Bedeutung der Tradition, das individuelle Porträt und die Allegorie von einer Menschheit, die sich selbst frisst. Eine Synthese, die in dem Unsichtbaren sichtbar und sinnlich wird. Kein Beigeschmack von moralischer Verurteilung, nur kämpfendes Menschenfleisch, das durch die Bewegung die Grenzen des geläufigen Stilllebens sprengt; Arme, die um Gnade flehen, und Finger und Zähne, die sich in Glieder bohren. Die unmögliche Geste auf einem schaukelnden Floß. Fragende Blicke begegnen Trotz und Tatkraft, muskulösen Körpern, behaarten Brustkörben – so präzise wiedergegeben, dass es über den menschlichen Verstand hinausgeht. Er spürt die Brutalität der Figuren und den Schmerz der Opfer an seinem eigenen Körper.

Er hört ihre Schreie, als das Floß ein Stück in die große Form herabgesenkt wird. Die Komposition vereint Kannibalen und Mahlzeit in derselben Bewegung, deren Zentrum ein Körper ist, der mit den bloßen Händen aufgebrochen worden ist. Er steht über den Blutstrom und die dampfenden Eingeweide gebeugt, die jetzt seine größte Herausforderung sind. Er riecht das Blut. Er schmeckt Blut, als es in alle Richtungen spritzt.
Die Scheibe des Winkelschleifers hat das Eis losgelassen, seine linke Hand lässt los, und das Blut pumpt aus dem Arm wie aus einem Feuerwehrschlauch. Jetzt steht er sich selbst gegenüber. Greift nach dem Nichts, in das Nichts. Schwebt in seiner eigenen Leere.

DIE MINE

Jemand hat ein Loch gemacht. Der Lichtstrahl reicht weit ins Innere der Erde. Außen ist der Fjell durch Pfeile und Speere verletzt, die in alle Richtungen abstehen, wie wenn die Helfer des Toreadors ihre Widerhaken in den Nacken des Stiers gesteckt haben. Sie denkt an den Urlaub in Spanien, als sie 14 war, aber dann wird der Fjell plötzlich eine quadrierte Seite in ihrem Schreibheft, deren Felder auf Zwischensummen und x hoch 2 warten. Mathe und das Einfache sind der Triumph des Menschen über die allzu komplexen Zusammenhänge des Lebens, denkt sie laut.

Sie ist über den Fluss gegangen und den Kiesweg hinauf entlang des schwarzen Fjells. Der Eingang ist eine Bretterbude, die sich in den Stein hineinkeilt. Ein Teil des Fjells ist abgerutscht. Sie sieht sich um, aber niemand ist zu sehen. Sie ist ganz allein. Es gibt keine Warnschilder. Es ist fast zu einfach, den rostigen Maschendraht auseinander zu biegen, einen großen Schritt über Kabel und Schienen zu machen und zwischen Schubkarren und Brettern zum alten Mineneingang vorzudringen. Sie macht die Taschenlampe an und zwängt sich durch den schmalen Riss zwischen den Eisenträgern, die die Minengesellschaft in den Stein geschlagen hat, um Unbefugten den Zutritt zu verwehren. Der Stoff ihrer Jacke ist an einer Schulter aufgeschlitzt. Der Mensch hätte eine Schlange sein sollen, denkt sie, dann wäre alles viel leichter. Einen Augenblick lang riecht der Staub wie in einer alten Schule, wo alles hellgrüne Wände und vergilbte Holzoberflächen mit allzu vielen Lackschichten ist. Wenn sie in den Berg eintritt, steigt sie aus den Stimmen hinaus.

Erst geht der Tunnel geradeaus, alles steht auf dem Spiel, alles ist ein Spiel von Punkt, Linie und Fläche, von großen, eckigen Felsstücken unterbrochen, über die sie klettern muss. Sie schwankt ein bisschen. Es ist nicht einfach für den Körper, sich zu orientieren, wenn die Wände schräg sind und sie jeden Augenblick den Kopf einziehen muss. Trotzdem schlägt sie mit dem Kopf gegen die Decke. Sie muss aufpassen. Ein Fehltritt, und alles könnte vorbei sein. Herzklopfen kann Nasenbluten zur Folge haben. Aber jetzt beginnt der organische Verlauf, wo der Stollen abbiegt und sich links und rechts gabelt. Sie ist Teil eines größeren Wurzelwerks. Es ist zehn Uhr, und es ist Schwachstromnacht im Fjell. Die Internetverbindung ist hier oben langsam. Die Status-Aktualisierungen sind von letzter Woche. Sie stellt sich die Bergarbeiter als kleine, breite Menschen mit großen Füßen vor. Sie weiß, dass man früher kleine Jungen für die harte Arbeit verwendete. Kleine Jungen mit einer Flamme an der Stirn. Sie hat extra Batterien mitgebracht für den Fall, dass sie einen Unfall hat. Und Wasser in einer Trinkflasche und zwölf Energieriegel in verschiedenen Geschmacksrichtungen. Sie muss sich an den groben Felsstücken und den schmutzigen Stützbalken festkrallen und über dem Boden hängen. Die Augen sind schon überanstrengt. Obwohl sie die Taschenlampe dabei hat und der Lichtkegel viel zielgerichteter als sie ist, ist es schwierig, auch nur ein kleines Loch in die Dunkelheit zu bohren. Die Steine sind ihre Feinde, die sie besiegen muss. Es ist immer schön, Feinde zu haben. Feinde geben Kraft und Stärke.

Es riecht nach Ton und der Keramikwerkstatt der Schule. Es muss irgendwo Wasser geben, das den Boden feucht macht. Unter der Jacke sind aus der Körperwärme schon eiskalte Tropfen geworden. Sie friert an Schultern und Brust, Schweiß klebt ihr in den Achselhöhlen. Sie ist beinahe Kondenswasser.

Die Schlange ist das klügste Tier von allen. Sie steckt ihren Schwanz in die Unterwelt und dringt durch alle Spalten, in ihre innerste Natur hinein. Die Schlange ist die Schwester, die sie nie hatte, sagt sie und schaltet den Flugmodus ihres iPhones ein, um Akku zu sparen. Es ist harte Arbeit, Abenteurerin zu sein. Aber dann gleitet sie plötzlich eine Rutsche hinab, die die Taschenlampe übersehen hat. Mehrere Meter auf kleinen, knirschenden Kohlestücken ins Dunkel hinab. Gut, dass die Hose gefüttert ist, und dass sie nichts in den Gesäßtaschen hat. Die Augen müssen sich wieder an das Dunkel gewöhnen, trotzdem gibt es jetzt etwas zwischen ihr und dem Innern des Fjells. Die Erde lastet auf dem

Gehirn, die Schwere der Erde sitzt im Kopf. Sie glaubt, dass sie dreimal nach rechts abgebogen ist. Die Stollen sind ein Labyrinth, ein Durcheinander von Straßen und Sackgassen mit unverständlicher Beschilderung. Die Kalligrafie der Industriezeit. Norwegische Wörter. Alles ist Abweichung.

Die Landkarte hängt am Kühlschrank in den Baracken der Bergarbeiter, die jetzt eine Herberge sind. Sie musste schon um fünf Uhr aufstehen, um der Schlange vor den Badezimmern zu entgehen. Trotzdem hatte jemand FuckU an den beschlagenen Spiegel geschrieben. Die Zimmer sind so hellhörig, dass sie den Nachbarn durch die Wand schnarchen hört. Sie will gar nicht daran denken, was sie noch hören konnte. Das mit der Landkarte ist auch egal, weil sie ja nur das zeigt, was sich an der Oberfläche abspielt. Nicht den Querschnitt der Erde, den sie jetzt braucht.

Bei der dritten Biegung hat man eine Art Sprossenwand in die Felswand geschraubt. Sie führt weiter in die Tiefe hinab. Zum nächsten Kohleflöz. Vorsichtig bewegt sie die klobigen Wanderstiefel Schritt für Schritt die Sprossen hinab, während sie sich in der Dunkelheit vortastet. Die Taschenlampe liegt in der Jackentasche, und sie weiß nicht, wie weit sie noch vom Boden ist. Die Wände schwitzen, und die Feuchtigkeit wird immer kälter, je weiter sie sich in den Fjell bohrt. Permafrost. Die Temperatur ist weit unter 0 Grad. Sie hätte einen Helm tragen sollen. Als sie endlich wieder festen Grund unter den Füßen hat, wirft der Geruch nach Kohle, Moder und Urin sie fast um. Wieder spricht sie mit sich selbst. Vielleicht wohnt sie schon zu lange allein. Ihre Stimme bleibt einige Sekunden lang in der Luft hängen, und dann gleitet sie in die Geräuschlosigkeit hinein. Wer hätte glauben wollen, dass die Stille im Gebirgsmassiv wohnt und dass nur der Stein gegen von außen kommende Geräusche schützt? Dass sie endlich die Welt auslöschen kann? Wenn es auch nur für einen kurzen Augenblick ist.

Es fällt ihr ein, dass sie vergessen hat, für ihren Bericht die Sprossen zu zählen. Die Facebook-Aktualisierung, das darf sie nicht vergessen, wenn sie wieder draußen im Licht ist. Sie denkt daran, wie sie immer die Stufen in ihrem Elternhaus für ihr Protokoll gezählt hat. Und alles zusammengerechnet. Wenn die anderen in den ersten Stock gingen, ging sie in den Keller, wo ihre Welt ein paar Meter unter der Erde lag. Früh hat sie sich an die Dunkelheit und die Kälte gewöhnt. Von Kindheit an hat sie die Stufen gezählt, obwohl sie schon die Anzahl wusste und die Stufen sich während des Schultags nie vermehrten. Überall wohin sie auch fährt, zählt sie alles, und man kann sie zu jeder Treppe befragen. Auf Rolltreppen steht sie nie still. Deshalb ist es auch seltsam, dass ihr die Sprossen vorher entfallen sind.

Das Licht der Taschenlampe ist nicht länger so scharf und intensiv wie vorher. Vielleicht hat sie sich bloß daran gewöhnt, lediglich die vagen Nuancen zwischen schwarz und weiß wahrzunehmen, vielleicht muss sie bald die Batterien wechseln. Und immer noch die Facebook-Aktualisierung. Es ist nicht leicht, eine Verbindung zu bekommen, obwohl der Fjell gewiss durch seine Spalten atmet. Sie denkt, dass sie sich an der Sprossenwand hätte verletzen können. Ein Fuß hätte zwischen der Sprosse und der Felswand eingeklemmt werden können, und beim Sturz hätte sie sich den Knöchel brechen können. Sie wäre dann mit dem Kopf nach unten hängen geblieben. Mit Müh und Not entgeht sie Schluchten und Abgründen, sie robbt sich wie ein Seehund durch die Löcher, die die Stollen miteinander verbinden. Jedes Mal ist fast eine Geburt. Wie ihre erste Geburt gewesen ist oder wie sie ihre Zeit als Fötus verbracht hat, weiß sie nicht, sie erinnert sich aber daran, dass sie immer in die linke Hand stechen. Dort ist die Ader am deutlichsten. Sie müssen immer aufpassen, dass die Ader nicht vor der Infusionsnadel wegrollt. Durch den Schlauch tröpfelt eine farblose Flüssigkeit in ihren Körper. Sie checkt wieder das iPhone. Hätte die Welt ein Loch gehabt, wäre sie hineingekrochen, rief sie den anderen Kindern in der Schule zu. Es waren Kinder, die nie über das, was sie sagte, lachten, weil ihre Münder voll Metall waren.

Ächzende Brettertüren mit eingerosteten Metallfedern, die Widerstand leisten, obwohl sie ihre ganze Kraft einsetzt. Jetzt riecht es nur noch nach Kohlenstaub. Sie hat sicherlich zwei schwarze

Ringe um die Nasenlöcher. Im Staub sind ihre Spuren deutlich, so dass man sie finden kann, wenn sie es nicht schafft, wieder rauszukommen. Ihr scheint, dass die Schatten sich um sie zusammenrollen.

Zwischen den Brüsten der Lehrerin baumelte ein Eisbär aus Pottwalzahn. Als sie hierher kam, hatte sie zuerst gedacht, dass es ihretwegen oder wegen des Bären war, aber jetzt ist sie sich nicht mehr so sicher. Sie hat jetzt alles selbst übernommen, und deshalb ist sie in den Fjell gegangen. Sie hat einige ihrer alten Lehrer auf Facebook angeschrieben, sie haben aber noch nicht reagiert. Nicht einmal die Lehrerin.

Sie steigt die Treppe hinab, die immer schmaler wird, und zuletzt lässt ihre Hand das Eisengeländer los. Sie weiß genau, wie Rost schmeckt, wenn sie daran leckt. Der Stollen ist ebenso schmal wie die Sprossen, und wäre sie jetzt nicht an einem Eisengitter angelangt, das beiseitegeschoben werden kann, wäre sie gewiss umgekehrt. Sie ist so erschöpft, dass sie hinfällt, und sie muss sich auf dem Boden abstützen, um wieder auf die Beine zu kommen. Die scharfen Steine haben sich in ihre Hand gegraben. Sie weint nicht. Sie hat fast keine Körperflüssigkeiten mehr. Das, was es noch in ihr gibt, ist in die Beine hinabgesickert. Es schwappt in ihren wasserdichten Wanderstiefeln. Er ist immer noch da, der strahlenförmige Schmerz, den der Kuss der Lehrerin auf ihrem Körper hinterlassen hat. Die Scham des Verlustes. Die Sehnsucht. Sie versucht tief einzuatmen, die Luft ist aber fast aufgebraucht. In der achten Klasse hatte sie einmal eine Maus auf dem Schulhof eingefangen und in die Tasche gesteckt. In der Hauswirtschaftsstunde fand sie ein leeres Marmeladenglas mit Deckel. Dann hatte sie die Maus in den zylinderförmigen Käfig eingesperrt, hatte den Deckel festgeschraubt und das Glas zurück in den Schrank gestellt; zwischen Rosinen, Reis, Zimt und so weiter. Sie haben nie entdeckt, dass sie es war, es war aber eine ernste Sache. Sie bewegt die Lippen, als ob sie die Worte des Rektors bei der Morgenversammlung aussprechen würde, wo alle über so viel Bosheit in einem so kleinen Glas erschüttert waren. Der Tod ist nun mal idiotisch, denkt sie. Der Tod hat weder Geschmack noch Sinn für Gerechtigkeit. Viel schlimmer als eine Abtreibung ist der Tod. Danach hatte sie zwei englische Gedichte auswendig gelernt. Damals hat sie das Leben wohl vor allem verachtet. Sonst erinnert sie sich hauptsächlich an die Pausen zwischen dem, was die Lehrer sagten. Und das Schreibheft, das mit ihren Fingern langsam verwuchs. Ihren abgekauten Nägeln. Als ob sie so einfach reduziert werden könnte.

Heute ist der zweite Tag, die 43. Stunde soweit im Norden, wie man überhaupt kommen kann. Sie schreibt die Zahlen in Blockbuchstaben in die Notizen des iPhones. Sie hat noch nicht aufgegeben, die Verbindung zur Welt wiederherzustellen, sie spart aber den Strom des Handys und der Taschenlampe. Zwei Tage sind nichts in einem Leben, wenn sie seit Wochen mit niemandem gesprochen hat. Vielleicht sollte sie den ganzen Krempel verbrennen. Die Deutschen hatten während des Zweiten Weltkrieges mehrere Gruben in Brand gesteckt, und sie hat gelesen, dass die Stollen bis 1962 brannten. Sie denkt an Kohlenmonoxidvergiftung. Sie denkt an ihre roten Blutkörperchen, als könnten sie sich im Kohleflöz vor ihren Augen materialisieren. Am ersten Abend war sie in die Kirche gegangen. Der Pfarrer sagte, dass Tausende auf der Flucht seien. Sie hatte keine Eile, und als die Gemeinde die Kirche verlassen hatte, blieb sie sitzen. Warum nicht? Auch die Security-Mitarbeiterin im Flughafen sagte nichts zu ihr. Sie hätte sie aufhalten können, um zu sehen, was sie in der Tasche hatte. Das ist schon mal passiert.
Die Stille hämmert zwischen den Schläfen. Ihr Vater hat sich in Kopenhagen umgebracht, sich vor einen Zug am Bahnhof *Friheden* geworfen, bevor sie ihn und die Freiheit kennen gelernt hatte. In der Dunkelheit sieht sie seine weißen Zähne leuchten. Sie sieht, wie sie aus einem Mutterschoß herauskrabbelt, auf die Fensterbank hinaufklettert und vom dritten Stock hinunterfällt. Nach der Enthauptung kann der abgehauene Reptilkopf noch eine Stunde weiterleben. Die Augen folgen dem Licht der Taschenlampe, und

der Schlangenkopf steckt die Zunge heraus und versucht zu beißen. Ihr Körper wird immer leichter, und die Müdigkeit verschwindet. Die Schwerelosigkeit in der Gebärmutter. Die Freiheit und die Grenzenlosigkeit im engen Raum, der keine Ansprüche stellt. Hier gibt es keinen Anfang. Sie befindet sich im Anfangslosen, wo alles trotzdem endet. In mehreren tausend Kilometern Abstand von allem. Hier und jetzt. Die Landkarte zeigt nur Grenzen.

Sie atmet wie durch einen Trinkhalm. Sie atmet Kohle. Die säuerliche Atmosphäre des Fjells. 32. Lächerlich, in diesem Alter zu sterben. Vor 14 Jahren hat sie das Abitur gemacht. Das sind 5113 Tage. Alles in allem hat sie 11.682 Tage gelebt. Das sind 280.386 Stunden, die sie geatmet hat. Ihre Arme werden schwer. Es ist zu dunkel für Höhlenmalereien, lieber einfach den Namen in die Felswand ritzen. Vielleicht ritzt sie nicht hart genug. In ihrer eigenen Blindenschrift. Zernagende Worte, die sie jetzt nicht zurücknehmen kann. Es fordert eine besondere Konzentration, nichts zu sehen. Sie spürt, wie eine andere Haut um sie herum wächst. Sie möchte wie die Lehrerin mit dem Eisbären schreiben, die Tafel aber ist ein schwarzes Loch. Der richtige Name wäre auch zu kompliziert gewesen. Er ist zu lang. Im Schrank in der Herberge liegen ihre Kleider sortiert und in der Reihenfolge, in der sie sich vorgestellt hatte, sie zu benutzen.

Sie will die Suchmeldungen des Tages checken, um zu sehen, ob sie sich an sie erinnern, es gibt aber immer noch keine Verbindung. Alles ist so still, dass sie fast nicht mehr zur Welt gehört. Trotzdem erinnert sie sich an den wolkenfreien Himmel.

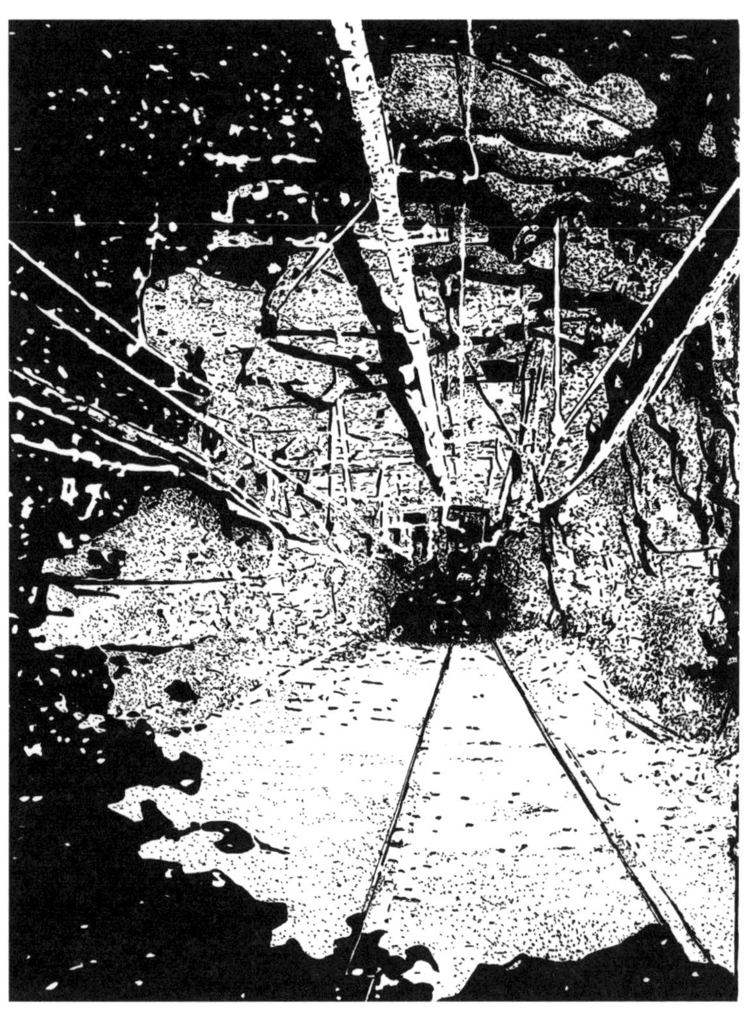

AUFLÖSUNG

In der Tür klafft ein breiter Spalt, und in den winzigen Fensterrahmen fehlen einige Scheiben. Die alte Trapperhütte klappert im Sturm. Er steckt den Kopf durch das Loch, um zu sehen, ob er allein ist. 20 Quadratmeter Halbdunkel mit kaputten Möbeln und zerquetschten Büchsen. Nichts ist leichter für einen Eisbären, als eine Büchse durchzubeißen. Der Mann lehnt den Rucksack und das Gewehr an die Wand, stellt die Thermoskanne auf das, was vom Küchentisch übrig ist. An der Bretterwand über dem Spülbecken hängt ein Spiegel. In der Dämmerung der Hütte ist alles Silber. Er sieht die Luft ganz deutlich. Sie bewegt sich Millimeter um Millimeter an ihm vorbei, und sie hat eben diesen gräulichen Farbton, den Luft hat, wenn sie am dichtesten ist.

An der Wand gegenüber vom Küchentisch, über dem Ofen, hängen zwei große, alte, gerahmte Fotografien in schwarz-weiß, die sowohl Stürme als auch Pelztierjäger überlebt haben. Sie erinnern ihn an etwas, was er schon einmal gesehen hat. Fenster zu anderen Räumen und Welten. Überwachungsbilder, die den Blick auf die Vergangenheit öffnen. Die Fotos sind unklar, als ob die Luft sich auch in ihnen materialisieren würde. Feuchte Flecken lassen Teile der Motive verlaufen und machen gewisse Bereiche fast unzugänglich für seinen Blick.

Auf dem ersten Bild hat er eine Bretterwand direkt vor Augen, einen schwarzen Eisenofen mit lodernden Flammen und einen Spiegel, der ein Fenster an der entgegengesetzten Wand reflektiert. Er erkennt die Hütte wieder, in der er sich befindet, der Bildraum aber ist ohne Tiefe. Er denkt, dass der pompöse Rahmen überhaupt nicht zur Hütte passt. So wie sie aus Treibholz, alten Brettern und Dachpappe zusammengeflickt ist. Im Spiegel erkennt er einige Baumwipfel und einen Himmel mit dunklen Wolken. Das mit den Bäumen versteht er nicht. Neben dem Spiegel hängen zwei gerahmte Bilder, deren Glas zwei Personen in Bewegung reflektiert, die beide immateriell und verwischt erscheinen. Die eine dreht sich eben um, während die andere hinter etwas Unbestimmbarem verborgen ist. Einem Mantel oder einer Decke vielleicht. Das Geschehen im klaustrophobischen Raum ist undefinierbar. Die Figuren erinnern an die Marionetten, die er aus seiner Kindheit kennt. Schlaksige Körper von unsichtbaren Händen gelenkt. Die Figuren und Objekte, die im Spiegel reflektiert werden, und die beiden Bilder, die angeblich denselben Raum darstellen, wo die ganze Szene spielt, scheinen in eine andere Welt zu gehören als die seine. Statt Spiegelungen von der Kamera und dem Fotografen, der verschwunden ist, gibt es einige störende Reflexionen, die keinen Sinn ergeben.

Auf dem anderen Bild blickt er in einen Raum, der einer Bühne gleicht. Der Vordergrund ist auffallend leer. Die Bretterwand ist dieselbe, aber jetzt tiefer in den Hintergrund geschoben, und der Raum ist auf jeden Fall zu tief für die Hütte. Die Ofentür ist geschlossen, und alles sieht kalt aus. Über dem Ofen hängt der Spiegel, in dem das Fenster reflektiert wird. Aber diesmal sieht man nichts durch das Fenster. Rechts vom Ofen ist jetzt eine Tür. Sie ist angelehnt, erlaubt aber keinen Blick in die Dunkelheit. Trotzdem ist es, als würde sein Blick von dieser Kammer angezogen. Links steht ein runder Tisch mit verschiedenen Objekten: einem alten Ventilator, einer ausgestopften Eiderente und einem Werkzeug, dessen Funktion er nicht durchschauen kann. Und dann die Kamera, mit der das Bild vielleicht aufgenommen worden ist. Diese Gegenstände haben scheinbar nichts miteinander zu tun.

Der Fotograf hat anscheinend den Wunsch gehabt, ihm die Deutung der Objekte zu überlassen. Vielleicht als Spuren und Indizien einer Tat, womöglich eines Verbrechens, das vor der Zeit der Aufnahme liegt und im Dunkeln bleibt. Zwei Stühle deuten auf zwei mögliche Bewohner des Raumes. Der eine Stuhl steht vom Tisch abgewandt, und die dysfunktionale Anbringung der Möbel und Gegenstände legt nahe, dass sie Requisiten eines Dramas sind, das ihm verborgen bleibt. Er fragt sich, was vorausgegangen ist. Begierde, Demütigung, Zwang? Mord? Er blickt in ein Zuhause hinein, das nicht intim und gemütlich ist, sondern ein Rätsel, das er nicht lösen kann. Er dreht sich um und im Spiegel sieht er, wie er vor den beiden Bildern steht. Er steht genau zwischen den Rahmen, die wie zwei Fenster andere geschlossene Öffnungen reflektieren. Das Spiegelbild bewegt sich hin und her zwischen imaginären und diffusen Räumen. Es gelingt ihm nicht recht, sein eigenes Bild aus dem Bild zu ziehen, zurück in die Wirklichkeit, in der er sich zu befinden glaubte. Die Zeit ist transparent, und die Anatomie der Kulisse stimmt nicht mehr. Er steht auf einer Bühne, wo sich sowohl das Licht als auch die Dunkelheit spiegeln. Auf der anderen Seite der Bilder liegt das Weiß. Der Ort ist ungenau, wie er dort liegt, zwischen Ost und West, am weitesten entfernt vom Süden und dem Norden am nächsten. Als er durch die Tür geht, sickert die Dunkelheit der Hütte hinaus ins Licht.

AUFERSTEHUNG

Der Tod ist wie die Geburt, nur umgekehrt, sagt er zu den anderen. So viel Lärm und Aufregung, nur weil es der letzte Tag seines ersten Lebens ist. Es ist immer noch zu früh am Vormittag, um eine Prognose über den genauen Zeitpunkt zu erstellen. Er kann ihnen nicht versprechen, dass noch Zeit für eine Lunchpause bleibt, wenn es erst losgeht. Nicht mal die vorgeschriebenen 20 Minuten. Er wirft einen Blick zurück, es hängen aber schon Wolken zwischen ihm und der Stadt in der Ferne.

Wenn die Zellen zweckmäßig reagieren, und wenn es die richtigen Falten sind, dann könnte er es vielleicht aushalten. Er kann aber nicht sicher sein, dass das auch der Fall sein wird, wenn er älter wird. Dann lieber im Schlaf den Tod und die Auferstehung erleben. Er hat das Thema ganz genau untersucht und sich dazu entschlossen, dass er mit seinem Einfrieren nicht warten will, bis er alt und krank ist. Dann müssen sie ihn ja nicht nur wiederbeleben und heilen, sondern auch verjüngen. Wer weiß, ob es dann eine solche Kur geben wird? Wenn man stirbt, muss man sofort eingefroren werden, aber warum nicht, solange man noch lebt? Hundert Jahre wird er in seiner natürlichen Kühltruhe im Dornröschenschlaf liegen. Im Permafrost. Er überspringt einfach ein Jahrhundert. Eine postmoderne Mumie. Wie er in seiner vorläufigen Todesanzeige geschrieben hat.

Etwa 300 Körper liegen schon im Winterschlaf. Tiefgekühlt im flüssigen Stickstoff in Russland und in den USA. Eine Ganzkörperbehandlung kostet mehr als eine Million Kronen, wenn er aber die billigere Lösung wählt und nur den Kopf und das Gehirn einfrieren lässt, kostet es 400.000 Kronen. Er hat die ganz billige Do-it-yourself-Lösung und die besten Helfer nördlich des Polarkreises gewählt. Wenn der Kreislauf stoppt, werden wenige Minuten danach im Körper Substanzen gebildet, die zu fatalen Schäden führen könnten. Deshalb sind ein schnelles Einfrieren und tüchtige Mitarbeiter eine unabweisbare Notwendigkeit. Zunächst werden sie ihn mit 80 Kilo Eiswürfeln zudecken, die sie schon seit

Tagen vorbereitet haben, dann führen sie eine Herz-Lungen-Wiederbelebung durch, um den Kreislauf in Schwung zu halten und das Gehirn mit Sauerstoff zu versorgen. Es ist ein schmerzhafter Augenblick, wenn die Eiskristalle sich bilden. Seine Mitarbeiter werden seinen Brustkorb öffnen und das Blut direkt aus der Aorta pumpen. Das Blut werden sie durch Frostschutzmittel ersetzen. Genau das, was er für das Auto verwendet.
Nur den Kopf einfrieren zu lassen wäre zu optimistisch, findet er. Wo sollten sie mit dem Körper hin? Der Flug wäre ein Problem, und dann noch ohne Kopf, denn hier im Permafrost kann man nicht begraben werden. Das Gehirn ist sein privatestes und individualisiertetes Organ, voll persönlicher Erinnerungen und den Bewegungen des Lebens. Es ist keine Software, die an neue Hardware angeschlossen werden kann. Er kann sich sich selbst nicht mit fremden Körperteilen vorstellen. Er ist gespannt, wie lange seine Gehirnzellen nach dem Tod überleben werden und welche Gedanken und Prozesse durch sie strömen werden. Einige sagen, dass das Gehirn nur neun Minuten ohne Sauerstoff überlebt, er findet aber, dass man es auf einen Versuch ankommen lassen sollte. Er hat keine Angst vor dem Unbekannten. Er hat keine Angst davor, dass er nicht wieder starten wird, sagt er mit einem Lächeln.

Der letzte Tweet für die nächsten hundert Jahre, 280 Zeichen. Keine Fotos, keine Links hinzugefügt. Wozu sollte er einen Link setzen? Er hat ein scharfes Auge auf den Zähler, so dass die Anzahl der Zeichen genau stimmt. Keine Füllwörter. Das Leben als Konzentrat. Jede Silbe bringt ihn dem Tod näher. Das ist sein morphologischer Count-down. #resurrection #mountaindweller. Jetzt wartet er nur darauf, dass die Stille über seinem Kopf explodiert und dass die Lähmung der Augen beginnt und sie in ihre Höhlen versinken. Es gibt nichts mehr zu sehen. Er ist an seinem vorläufigen Ende angelangt. Die Sterne sind ja auch nicht da. Als Substanz sind sie längst weg. Nur wegen der Geschwindigkeit des Lichts kann er sie undeutlich erkennen. Sie sind nur noch ein

Abglanz ihrer Vergangenheit. Man könnte dasselbe von ihm sagen. Sein Körper braucht den Kreislauf des Blutes nicht, um zu überleben. Er wird nicht sterben, obwohl er stirbt. Er wird weiterleben, ohne lebendig zu sein. Das Leben war sowieso nur ein Vorgeschmack auf den Tod.

MOBILIAR

Wenn sie der Montageanleitung folgt, ist ihr die Welt ganz deutlich. Eines Nachmittags stand er einfach da, den Möbelkatalog unter dem Arm. Inspiration auf mehreren hundert Seiten. Es brauchte nicht viele Minuten, auszuklügeln, dass es einen Zusammenhang gab. Alles passte so gut zueinander. Seine blonden Haare und das gestreifte Hemd, der Jeansstoff und ihre Küchengardine und die gestreiften Lebensmitteldosen im Kühlschrank. Mit dicht schließenden Deckeln. Die Tundra, die vor Frost knisterte. Schon damals sah sie das Ganze vor sich. Wie sie eines Tages ein Kind mitten in die Welt setzen würden. Das Töpfchentraining auf dem Töpfchen aus wiederverwendbarem Plastik, das Ausziehbett, das mit dem Kind wächst, die Spielküche für den Meisterkoch der Zukunft, mit den niedlichen Backformen für Plätzchen, das blaue Schaukeltier und später das Hochbett mit Schubladen und Türen. Das Zimmer ist das Königreich des Kindes, sagt sie. Das Kind in der Sitzsektion mit dem Brettspiel aus Holz. Alles hat mehrere Funktionen.

Vier Hände muss man haben, um ein Bett und einen Schrank montieren zu können, sagt sie. Im Café fragten die anderen, ob sie schwanger sei, sie antwortete, sie habe sich nur ein Kissen in die hochtaillierte Hose gesteckt. Sie denkt, dass das Leben hinter der schwedischroten Fassade immer das gleiche sein wird, egal wo in der Welt sie sich niederlassen. Er sagt, dass man die rote Farbe für die Häuser früher aus Lebertran und Fischblut hergestellt hat. Sie konzentriert sich aber darauf, etwas in der Schublade zu suchen, wo sie all die extra Schrauben und die identischen Inbusschlüssel aufbewahrt. Man weiß ja nie. Regalbretter und Behälter und Kisten, Haken und Kleiderbügel sind die Helden des Alltages, wie es im Katalog geschrieben steht. Es gibt viele Farbtöne und Holzsorten, und dann gilt es, sich entscheiden zu können. Birke oder Esche? Gebeiztes Kiefernholz? Man kann die Dunkelheit des Winters hinter Lackfarben verbergen, sagt sie. Die Schublade klemmt ein bisschen. Und die kleinen Bleistifte sind fast alle verbraucht. Vielleicht kann sie die Firma bitten, welche mitzuschicken, wenn sie das nächste Mal wieder ein Möbelstück bestellt.

Jetzt sind zwei Stunden vergangen, seit ihr Liebhaber fort ist. Er hat die Tür behutsam hinter sich geschlossen. Sein Mantel riecht immer ein bisschen nach Trödelmarkt, obwohl es keine Trödelmärkte so dicht am Nordpol gibt. Er ist groß und stark. Norweger. Manchmal ist das Traditionelle ganz modern, denkt sie. Trotzdem hat er lange, bleiche Hände, und an seinen Augen erkennt sie seine Furcht, wenn sie seine Hand nimmt. Sie hat zwei Flaschen Barolo am Osloer Flughafen gekauft, den teuersten, den sie im Duty-free-Shop finden konnte. Sie hat sich darauf gefreut, die eine Flasche mit ihm zu teilen, er aber sagt, dass er unterrichten muss und dass er die Flasche allein trinken wird, wenn er wieder zu Hause ist. Er ist Professor an der Universität und hat Frau und zwei kleine Kinder in Bergen, wo es immer regnet. Auch wenn die Sonne scheint. Die einzige Regel ist, dass es keine Regel gibt, sagt sie ihrem Liebhaber, als er in den Flur tritt. Step by step sorgt sie für die richtigen Verhältnisse während des ganzen im Katalog beschriebenen Vorgangs. Ihr Flur ist ein Flur, der zu den Menschen passt. Sie rückt die Möbel ein bisschen beiseite. Macht Platz für zukünftige Ideen.

Wenn ihr Mann vom arktischen Saatgutlager nach Hause kommt, wo er die Samen der Zukunft bewacht, werden sie sich auf dem nachhaltigen Bett zwischen luftigen Federbetten und weichen Kissen lieben, bevor er sein gestreiftes Hemd wieder überzieht. Die Bettwäsche heißt *Wunschtraum*, und ihr Leben ist jetzt durch und durch vollkommen. Wenn sie sich geliebt haben, riecht er nach Moschus und Kastanienblüten. Samen kann als Antidepressivum verwendet werden, aber das braucht sie ja nicht, sagt er. Heute Abend werden die Fjells vom Himmel herabhängen und die freie Sicht verdecken. Auf dem Küchentisch steht eine halbe Flasche Barolo und der Rest einer Rentierkeule von gestern Abend. Der nackte, halb verzehrte Oberschenkelknochen. Sie hat irgendwo gelesen, dass man die Natur in Übereinstimmung mit ihrem Wachstum analysieren und zerteilen muss. Fisch muss filetiert werden, die Rentierkeule aus dem Gelenk gezogen, während man beim Schneehuhn und dem Menschen die Brust freilegen muss. Alles hat seinen eigenen Platz und sein eigens dafür hergestelltes Werkzeug, sagt sie, als sie das Spotlight in die Richtung dreht, die sie braucht. Er sagt, dass ein zu großer Teil seines Gehalts für ihre Einrichtung ausgegeben wird, obwohl er zugeben muss, dass ihre Entscheidungen immer ästhetisch und wirtschaftlich sind. Und wenn es sie froh macht. Was macht ein Heim zu einem Heim? fragt sie.

Sie erinnert sich an sein Gesicht an jenem Weihnachtsabend, als es ganz unerwartet an der Tür klingelte. Draußen stand ihr Liebhaber, der seinen Flug verpasst hatte. Die Karaffe mit tropfenfreier Tülle und der Weihnachtswein. Der Schinken, die sautierten Nierchen und das dunkle, gewürzte Brot. Die Servierlöffel im Kerzenschein. Die Tränen und die Schweißperlen auf ihrer Stirn. Sie sagt, dass sie ihn nicht liebt, aber das bedeutet nichts, sagt ihr Mann. Er hat doch alles, und wenn er nur sie und das Kind beschützen darf, wenn es kommt. Dann ist er mit dem Leben zufrieden. Ihr reichen seine Hände. Ohne sie würde alles still stehen, sagt sie. Wenn die Hände da sind, ist sie froh. Dann gibt es einen Zusammenhang in Leben und Haus.

Den Bauch trägt sie wie einen Schneemobilhelm unter dem Hemd. Sie und die Kleider haben sich aneinander angepasst, obwohl die Ärmel ein bisschen zu lang sind. In ihrem Leben geht alles sehr schnell. Sie spürt, wie der Bauch wächst und bald ihre Kleider ganz ausfüllen wird. Mit dem gestreiften Hemd und dem riesengroßen, weißen Overall sieht sie aus wie ein Muminbaby. Der persönliche Stil kann superpraktisch sein, und dann ist er eine Solidaritätserklärung an das Kind. Vielleicht muss sie mit Kaiserschnitt entbinden, aber dann müssen sie sie erst zum Festland fliegen. Sie stellt sich vor, wie der Hubschrauber mitten im schlimmsten Schneesturm des Jahrhunderts landet, wie der Arzt die Spritze für die Injektion vorbereitet, wie er sie auf die Seite legt und die Nadel tief in ihren Muskel steckt. Sie spürt fast, wie die Operationswunde brennt.

DER ANDERE

In zehn Minuten wird sie aufstehen. Sie wird in das kleine Badezimmer treten, pinkeln und schnell duschen. Sich schminken. Die Kleider liegen schon seit gestern Abend bereit. Gestern war das letzte Mal. Das allerletzte Mal, dass sie Kaffee gemacht und ihm heiße Milch aufgeschäumt hat, die Pausenbrote gestrichen, den Mädchen die Schulranzen gepackt und zum Abschied ihre Lippen gegen die Fensterscheibe gedrückt hat. Sie ein letztes Mal in sich aufgesaugt hat. Der Koffer ist gepackt und steht draußen im Schuppen bereit. Sie hat nur Kleider gepackt, alles andere kann er behalten. Sie nimmt nur das Allerwichtigste mit. Den Rest muss sie kaufen, wenn sie da ist. Sie wird das letzte Stück Brot und den dreieckigen Schmelzkäse essen, den sie für diese besondere Gelegenheit aufbewahrt hat. Sie wird den Rucksack aufnehmen und kontrollieren, ob alles da ist. Pass, Flugticket, Euro, Kreditkarte, Kamera. Die Antibabypillen wird sie auch mitnehmen müssen. Sie wird den Abschiedsbrief noch einmal lesen und sich vorstellen, wie er reagiert, wenn er ihn liest. Wie er den Mädchen ihre neue Situation erklären wird.

Sie wird die Tür abschließen und den Schlüssel in den Briefkasten werfen. Sie wird ihn nicht wieder benötigen. Sie wird die Hauptstraße hinablaufen, an den Outdoor-Läden und dem Café des Kulturhauses vorbei. Den Cappuccino wird sie später trinken, und dann wird sie für das letzte Stück zum Flughafen den Bus nehmen, wo sie ein letztes Mal den Wind vom Nordpol spüren wird. Der Flughafen wird voll von Einreisenden und Ausreisenden sein, und sie wird hinter amerikanischen und deutschen Expeditionsmitgliedern mit riesigen, wasserdichten Taschen, Touristen mit schmerzenden Muskeln Schlange stehen. Hinter einem komplizierten Beinbruch im Rollstuhl. Dann wird sie endlich am stahlblanken Schalter mit seinen metallenen Lauten und Stimmen stehen. Grenzkontrollstempel, die durch neue Stempel aufgehoben werden. Ein einmaliges Erlebnis kann nicht durch wiederholte Handlungen zerstört werden, wird sie denken. Summende und knisternde Geräusche aus unsichtbaren Lautsprechern werden ihr tief in den Körper dringen. Sie zählt die Überwachungskameras, und dann werden sie und der Nebel weg sein, bevor es jemand registriert. Zwischenlandung in Oslo, und danach gibt es nichts, was sie noch aufhalten könnte.

Als der Pilot landet, zermahlt er mit seinen beiden Turbomühlen einen kleinen Möwenschwarm. Der Tod ist eine Turbine, denkt sie und blinzelt in die brennende Sonne. 32 Grad. Plus. Es werden einige Tage vergehen, bevor sie sich richtig wohl fühlen wird. Vielleicht wird sie auch schlechtes Gewissen wegen der Kinder haben, vor allem aber wird es zunächst schwierig sein, sich in der Stadt zu orientieren. Als eine Fremde wird sie sich fühlen. Eine unbekannte Katze wird sich an ihre langen Beine schmiegen. Die Begegnung mit der Katze ist zufällig wie alles andere in ihrem Leben. Von jetzt an. Sie wird früh aufstehen und durch die Straßen schlendern, bevor die Stadt sich richtig belebt. Während der Asphalt sich über die Buden der Verkäufer, die Müllcontainer, die Menschenknäuel in den Parks und die rollenden Früchte fortsetzt. Schon am zweiten Tag wird sie ihn in der Mittagshitze kommen sehen. Sie wird sofort wissen, dass er der Richtige ist. Dass *er* der Grund ist, warum sie alles hinter sich gelassen hat. Sie wird mehrere euphorische Augenblicke verspüren. Er wird den Koffer auf die Pflastersteine stellen und die Stirn an der kleinen Fontäne an der Ecke kühlen. Vielleicht ist das Wasser gar nicht so sauber, wie er meint, und er könnte eine Infektion oder irgendeine Vergiftung bekommen, denkt sie. Sie sieht, wie er alle Fenster in der Wohnung ihr gegenüber öffnet. So viel Aufgeschlossenheit seinerseits, denkt sie, die nicht an die Aufgeschlossenheit eines Mannes gewöhnt ist.

Am folgenden Morgen, wenn die Stadt sowohl grau als auch golden ist, wird sie drei Meter hinter ihm gehen. Sie wird an ihm und den Buchstaben vorbeigehen, als wäre nichts passiert. Lautlos wird sie sich durch die fremden Wörter hindurchbuchstabieren, als täte sie es für ihn. Auf dem Markt wird sie Pfirsiche kaufen und die sanften Kopfbewegungen, das plötzliche Stoppen und die Desorientierungen genießen. Autos, die hupen. Lange Sätze lesen und wieder vergessen. Es erinnert sie an den Lateinunterricht im Gymnasium. Sie wird ihn aus den Augen verlieren und ihn dann zufällig wieder sehen. Sie wird ganz dicht an seiner Seite gehen, wird seinen Arm mit ihrer Brust streifen, wenn sie sich über die Tomaten streckt. Dass es so viele Tomatensorten gibt. Erst an der Bushaltestelle sieht sie, wie er zusammenbricht. Die schwarze Herrenhose mit den schrägen Taschen und den Bügelfalten ist grau vor Schmutz. Sie möchte ihm die Kleider aufknöpfen, sein Geschlecht streifen, aber da stellt eine Roma-Frau lachend ihren Trinkbecher von sich. Die Frau möchte helfen, stellt ihm Fragen in einer unverständlichen Sprache, und einen Augenblick wird das Leben wieder zur Krise. Kurz danach kommt der Krankenwagen, und sie versucht herauszufinden, in welches Krankenhaus sie ihn einliefern werden, das geht aber aus der Radiokommunikation nicht hervor, oder vielleicht versteht sie die Sprache nicht. Sie läuft 300 Meter, ehe sie den Krankenwagen aus den Augen verliert und vor Erschöpfung in ein Gebüsch sinkt. Jemand sagt, dass man noch einen Krankenwagen rufen muss. Sie versteht das Wort *ambulanza*. Als sie in die Unfallstation eingeliefert wird, liegt er auf der Trage neben ihr. Mit nur einem Schuh, und es ist der falsche Schuh am falschen Fuß, aber alles andere ist richtig. Sein Mundwasser tröpfelt auf das Papierbettlaken, sie erwägt, ihm das Kinn mit dem Handrücken abzuwischen. Vielleicht könnte er glauben, dass es seine eigene Hand wäre. Aber dann wird seine Trage weggerollt.

Manchmal kann man sich gar nicht vorstellen, dass ein Erwachsener einmal Kind gewesen ist. Sie versucht es, kann aber das Kind in ihm nicht erkennen. Vielleicht gibt es Menschen, denen diese Fähigkeit abgeht. So lange kennt sie ihn ja auch noch nicht. Sie denkt, dass er das Licht verschläft, aber dann sieht sie ihn im ersten Morgenlicht auf dem schmalen Steg zwischen den Schienen balancieren, und im letzten Augenblick denkt sie, dass er doch hören muss, dass die Straßenbahn aus beiden Richtun-

gen kommt und dass der Tod vielleicht auch von ihm geplant ist, dann fährt die Straßenbahn aber mit ihm und nicht mit ihr ab, und vielleicht würde sie das Leben gar nicht so ruckartig erleben können, wie er es tut.
Später wird sie Facebook und Twitter checken. Vielleicht ist irgendjemand gestorben, oder ein schreckliches Unglück ist passiert. Dann wird sie ihm durch den Park folgen, und sie wird sich darauf vorbereiten müssen, in dem Gebüsch unter den Pinien eine verstümmelte Leiche oder mindestens ein paar weiße Körperteile zu finden, die aus dem Laub hervorschauen. Sie wird sich überlegen, wie sie ihn retten kann, falls er von einem Fremden überfallen wird, vielleicht wird sie trotzdem nicht stark genug sein und muss sich verstecken, bis alles vorüber ist. Sie denkt daran, wie lange es dauern wird, bis man zusammen mit dem Laub und den Nadeln vermodert ist. Und den Rindenstücken. Mit Rindenstücken hat sie keine Erfahrung. Sie wird sich diskret darüber informieren, wenn sie an der Stelle vorbeigeht. Sie denkt, dass ein Hund alles zerstören könnte.

Am Tag danach wird er tot sein. Er wird ganz allein mit herabgefallener Kinnlade und einer allzu großen Mundhöhle daliegen. Eine seltsame, ovale Form, die die Zähne verbirgt und die zum Tod gehört. Sie wird in das Dunkle sehen, das ein Aufschrei ist. Zunächst wird er noch ein bisschen Körperwärme haben, aber dann wird er allmählich zu einer kalten und leeren Hülle werden, die zuletzt vergehen wird. Seine Augen werden immer noch etwas von ihrer Scheu haben, aber dann erscheint das weiße Häutchen. Ein Arzt mit Vollbart und sanften Augen wird auftauchen, um seinen Puls zu fühlen und seine Augen zu schließen. Er wird den Kopf ein wenig schütteln und den Totenschein ausstellen. Wenn er wieder geht, macht er leise die Tür hinter sich zu. Er zeigt dem Tod den angemessenen Respekt.
Sie wird versuchen, sich all die biologischen Prozesse vorzustellen, die er jetzt durchmachen muss, und dann wird sie sich Särge anschauen, wie andere in dieser Stadt sich Schuhe oder ein neu-

es Auto anschauen. Es gibt viele verschiedene Modelle, sie wird Särge für Einäscherungen und Särge für Erdbestattungen sehen und sie wird dazu Stellung nehmen müssen, ob ein gepolsterter Deckel nötig ist, ob der Sarg ein integriertes Schloss mit individuellem Schlüssel haben soll, damit niemand anderes es wieder aufschließen kann. Sie wird sich darüber schämen, dass sie seinen Körper anderen überlässt. In der Krankenhauskapelle wird er ganz allein liegen und auf seine Einäscherung warten. Ein schwacher Geruch nach Vergangenheit wird sich mit dem Duft der Blumen vermischen, die die Krankenschwester auf einen kleinen Tisch an seinem Kopf gestellt hat. Seine Eingeweide sind schon eingesunken, und die Hüftbeine stehen senkrecht unter dem weißen Bettlaken hervor. Sein Geschlecht hat nicht länger Anteil an der Landschaft. Die Haut ist durchsichtig, nur an den Backenknochen und am Kiefer gibt es einen violetten Schein. Seine Hände sind geschwollen und gelblich. Seine Augen, die nichts sehen, sind in ihre Höhlen eingesunken. Wie alles, das zur ursprünglichen Gestalt zurückkehrt. Hinter den Augenlidern werden sie so weiß sein, dass niemand sich vorstellen könnte, dass er einmal zu sehen vermocht hat. Wenn es violette Eisblumen gäbe, könnten sie seine Haut sein.

Bevor sie sich aus Trauer vor eine Straßenbahn wirft, möchte sie sich ihre Reaktionen vorstellen, wenn sie hören, dass sie tot ist und nie zurückkehren wird. Von *ihm*, den sie verloren hat, werden sie nichts wissen. Sie sieht vor sich, wie sie in der Winterdunkelheit trauern, und wie er extra freie Tage bekommt, damit er sich um die Kinder kümmern kann. Sie sieht, wie die Spielkameraden und die Pädagogen aus der Kita den Hügel herabkommen, um sie zu besuchen, mit Kuchen zur Aufmunterung. Auf dem Kuchen gibt es sowohl kleine Kerzen als auch Fruchtgummi. Sie werden zu weinen anfangen, weil sie ihnen nie wieder einen solchen Kuchen backen wird. Der Pfarrer wird sie während des Gottesdienstes erwähnen, und die kleine Gemeinde wird in ihrem Trauern um sie zusammenrücken, und eines Tages wird alles wieder gut sein. Er wird die Kinder mit dem Auto zur Kita fahren, und sie werden von der Schule nach Hause kommen, bis sie eines Tages keine Kinder mehr sind. In ihrem Augenwinkel sitzt eine Träne. Die Sehnsucht ist ja gegenseitig, und sie wird sie nicht groß werden sehen. Sie spürt die Wärme ihres Körpers unter der Bettdecke, und sie drückt den Snooze-Knopf. Noch zehn Minuten. Sie wird müde vom Reisen. Eigentlich glaubt sie nicht mehr an Reisen. Nicht daran, dass man die Fragen des Lebens geografisch lösen kann.

SCHNEEFALL

Sie hat alles bis ins kleinste Detail vorbereitet. In der Küche steht die Platte mit den beiden silbrig schimmernden Fischen. Sie sind so frisch, dass sie immer noch mit dem Schwanz gegen das braune Steingut zappeln. Sie hat die Muscheln in Weißwein gedämpft und die sechs Austern mit dem Messer geöffnet. Ihre Vorbereitungen haben feuchte Spuren auf dem Küchentisch hinterlassen.

Er schließt die Haustür hinter sich ab. Bleibt stehen. Lässt sich einen Augenblick einfrieren. Der Frost drückt auf den Schädel. Dann kommen die Kopfschmerzen. Stirn und Wangen tun weh.

Jetzt muss sie nur noch die Gläser auf den Bretterzaun stellen, damit sie den Schnee auffangen, und dann wird sie den Whisky fließen lassen. Whisky on the snow. Sie lächelt in die Richtung, aus der er kommen wird.

In der Zeit davor kann er das Haus nicht verlassen. Er muss die ganze Zeit auf die Toilette. Er weiß, dass der Geruch von Schweiß und Durchfall an ihm klebt. Er soll einfach dem Weg folgen, sagt sie jedes Mal. Als wüsste er das nicht.

Der Whisky hat jetzt die richtige Temperatur. Sie nippt an seinem Glas. Hinterlässt ein bisschen von ihrem Lippenstift.

Wenn er den Hügel hinaufgeht, von Straßenlaterne zu Straßenlaterne, von erleuchteter zu verschlingender Dunkelheit, pflegt sie ihn vor der Tür zu erwarten, als hätte sie seit einer Ewigkeit dort gestanden.

Er ist sich sicher, dass er immer noch nach seinen Ausscheidungen riecht. Er klopft an der Tür, heute aber öffnet sie nicht.

Derjenige, der etwas von ihr will, muss auch ausdauernd und unerschütterlich sein. Willensstark. Sie wartet, bis er fünf Mal geklopft hat. Dann öffnet sie. Sie liebt seine Art, die Hände zu falten. Fast als würde er mit ihnen einen jungen Vogel töten.

Das Komplizierte und Unergründliche an ihr ist im Lauf der Jahre verschwunden. Sie sagt alles ganz offen. Dass ihre Gefühle sich nicht länger unterdrücken lassen, dass sie es nicht erträgt, vernachlässigt zu werden. Es nicht erträgt, dass man ihr widerspricht.

Ihre Hände kreisen um sein *Membrum virile*, so nennt sie sein Geschlecht, wenn sie die Sterne melkt, wie sie sagt. Allzu viele Worte.

Er spürt den feuchten Klumpen aus der Auster kalt die Kehle hinabgleiten. Er drängt sich nicht auf, versucht nie, seine Worte zwischen ihre zu schieben. Sie bedrängt ihn von allen Seiten. Die schlaffe Unterhose hängt über der Armlehne, als er endlich seine Kleider zusammenrafft.

Sie hört das nasse Geräusch von seinen Füßen auf dem Fliesenboden. Wie er den Duschvorhang herunterreißt. Hinterher legt sie seine Füße zwischen ihre Brüste und knetet sie, bis er ganz ruhig wird und sie wieder tun kann, was sie will.

Niemand kann es ihr verdenken, die Stunden bis zum nächsten Mal zu zählen, sagt sie.

PLATTFORM

Sie hängen ihn an einem Dienstagnachmittag kurz nach der Physikstunde auf.

Er findet eigentlich nicht, dass er ihnen Böses getan hat. Er hat sich nie in ihre Spiele und Konflikte eingemischt. Bis zur 6. Klasse stand er mit dem Rücken zur Mauer gleich unter den Fenstern des Lehrerzimmers.

Irgendjemand hat die Konturen einer nackten Frau gezeichnet. An die Wand vor dem Lehrerzimmer. Sie ist ganz durchsichtig, man sieht einen großen Schwanz in ihrem Innern, und sie sagen, dass er die Zeichnung gemacht hat. Hinter der Schule läuft der Fluss. Er sieht ins Wasser hinab, wo die Wellen wie kleine Spitzen hervorschauen, und er denkt daran, wie ihr die Hose locker um die Hüfte sitzt. Allmählich glaubt er, dass sie Recht haben. Er wäscht sich nie die Haare, sagen sie, obwohl er noch am Morgen geduscht hat. Unter der Dusche nach der Turnstunde zeigt sich die Wärme als rote Flecken an seinem ganzen Körper. Er ist es immer, der auf der Stufe ausrutscht. Geh raus, kotz, sagen sie. In der Nacht ist alles durchsichtig, und er denkt an ihre Hüfte. Sein allererster Kuss schmeckt nach Erkältung, sagt sie. Er berührt den kleinen Buckel in ihrem Nacken, sie aber nimmt seine Hand weg. Während des Films in der Englischstunde legt sie ihre Hand auf sein Geschlecht und drückt hart zu. In den Jungstoiletten sagen sie, dass er knien und den Mund öffnen soll. Er riecht ihre Gedanken. Nachher küsst sie seinen Nacken.

Sie haben einige Holzpaletten aufeinander gestapelt und einen Strick über den Querbalken des Schaukelgerüstes geworfen. Es ist genau wie im 16. Jahrhundert, sagen sie und spüren den Atem der Geschichte auf ihren Gesichtern. Sein Rücken ist ganz weiß, als er seine Kleider abgelegt hat. Es gibt keine Menschen mit so weißen Rücken in der Dämmerung, sagen sie. Es ist nicht einfach, auf die Paletten zu steigen, als er aber erst dort steht, ist es gar nicht so weit bis zum Boden, wie er glaubte. Sie sagen, dass es auf

seinem Gesicht Schatten gibt. Um die Augen und neben der Nase. Er nervt einfach mit seinen Schatten. Sie reichen ihm ein kleines, viereckiges Stück Schokolade. Die letzte Henkersmahlzeit des zum Tode Verurteilten. Er kann es fast nicht runterschlucken. Nachher atmet er so tief durch die Nase, bis sein ganzer Körper hohl ist. Sie sollen es nicht sehen. Er weiß nicht, wie lange er den Atem anhalten muss. Aus beiden Augen presst er eine Träne. Der Speichel tropft ihm auf das Kinn.
Als alles vorbei ist und seine Zunge ganz blau angelaufen ist, leuchten sie sein Gesicht mit ihren Taschenlampen an.

WEISS WIE DIE NACHT

Die Gehirnwindungen schlängeln sich wie eine Kletterpflanze. Trotzdem vermögen sie nicht, den Lichtstrahl zu filtern, der durch den schmalen Spalt zwischen den beiden untersten Lamellen der Jalousie schießt. Ungehindert. Unerbittlich. Schneeweiß. Sie sucht nach ihren Augenlidern. Das Licht ist ein verfluchter Zustand, entwürdigend und dreckig. Ihre Augen sind rot und geschwollen. Auch unter dem Federbett liegt sie nackt unter dem wolkenlosen Himmel draußen auf dem Fjell, wo die Sonne unaufhörlich scheint. Die anderen hier oben kleben Alufolie vor die Fenster. Ein Tropfen Spülmittel, und sie klebt. Bis die richtige Dunkelheit kommt. Nach Wochen ohne Schlaf wird alles nichtkörperlich. Geistig.

Die Wettervorhersage. Spitzbergen. Zwei Klicks. Sieben Grad Celsius, später Regen oder Nieselregen, der Wind Südsüdwest 15 Kilometer pro Stunde. Sie sucht Deckung hinter dem Kopfkissen. Gegen weitere Angriffe. Ihr Magen knurrt. Sie muss aufstehen. Etwas Essbares finden. Mitten im Kopf, zwischen den Ohren hört sie das Meer rauschen. Im Winter ist ihr Schädel mit Packeis gefüllt. Es drückt gegen den Schädel, Weißes gegen Weiß. Wenn das Meer wieder zufriert, erweitert es sich um vier Prozent. Wenn. Dann spürt sie, wie die kleinen Frakturen des Schädels sich wie Spinngewebe ausbreiten. Schön, dass sie die Haut hat.
Sie stellt sich vor, dass die anderen in der gemeinsamen Küche schon Kaffee gemacht haben. Er köchelt im Glaskolben, wird bitter und schwärzer, am allerschwärzesten. Wie Kohle. Vielleicht lässt sich Schwarz gar nicht steigern. Vielleicht ist Schwarz eine ebenso absolute Größe wie Licht. Sie reibt sich die Augen. Es ist schwierig, etwas zu sehen, wenn sie in dieser Weise zusammenkleben. Als könnten sie ihren eigenen Willen durchsetzen. Widerwille. Oft hat jemand eine halbe Packung Kekse im Schrank liegen, aber heute nicht. Die Milch hat sie wieder vergessen. Sie spuckt in das Spülbecken, betrachtet einen Augenblick ihren

durchsichtigen Schleim auf dem kalten Stahl, ehe sie spült. Die kleinen, weißen Blasen. Manchmal spricht sie mit dem Herd über die Milch. Dass sie sie nicht vergessen darf. Sie wirft einen Blick auf das Haltbarkeitsdatum auf dem Milchkarton. Es ist seit Tagen abgelaufen. Sie wärmt den Rest in der verbeulten Kasserolle, die sie für alles Mögliche verwenden. Die blaue Gasflamme zittert. Milchhaut. Ihre weiße Haut. Sie nimmt einen Pfannenwender aus der obersten Schublade und fischt sie heraus. Sie ist so dick, das sie an dem Pfannenwender hängenbleibt. Der Geschmack ist sauer und schlecht, als er sich auf die Zunge legt. Sie erstickt fast, hält aber den Atem an und atmet die säuerliche, weiße Schleimhaut ein. Sie ist nicht so elastisch wie Kaugummi und zerbricht, als sie die Zunge dagegen drückt. Als ob sie eine große, bleiche Seifenblase aus ihrem Innern blasen könnte.
In manchen Nächten ist die Spucke ein Problem. Die Kiefer öffnen und schließen sich wie der Mund eines dummen Fisches mit einer schillernden Blase vor dem Maul. Sie hätte gern die Zähne eines Eisbären. Alle 42. Das Licht lässt nicht nach, egal was sie tut, dann aber könnte sie sich wehren. Sie hätte ihm in die Hand beißen können, sie hätte ihn für immer mit ihren Gedankenstrichen und den beiden Punkten der Eckzähne zeichnen können. Sie hat schon Bärenbisse gesehen. Er hat sie in einen kleinen Raum mit einer Matratze auf dem Boden gestoßen, und sie wollte die schweren Stiefel nicht ausziehen. Es war kompliziert mit der Überziehhose und den Jeans und der Unterhose, die die Knöchel zusammenbanden, wie wenn man Tiere an den Hinterbeinen aufhängt. Sie denkt an die kopflosen Seehunde, die am Schwanz aufgehängt werden. Sie werden so hoch an den Latten festgebunden, dass die Eisbären sie nicht fressen können, und dann können sie einfach ausbluten. Es gibt keine richtigen Bäume hier, nur diese Fleischbäume. Sie denkt an die schwarzrote Farbe, die nie verschwindet. Hinterher erinnerte sie sich nur, wie sich ihre Zähne in seinen runden Brillengläsern spiegelten. Und dass sie an den Fjord ging und Steine ins Wasser warf. Zuletzt hatte sie auf den Permafrost gepinkelt, um ihn vergessen zu können.

Der Zucker löst sich nicht im Kaffee auf, obwohl sie den Mahlstrom mit den kleinen Eisschollen umrührt. Milchschollen. Wenn sie ein Ei am Rand der Pfanne aufschlägt, befreit sie ein Stück von sich selbst. Sie atmet Kohlendioxid in die ganze Küche aus. Sie atmet die Säure vom Apfel, der vorher auf dem Küchentisch lag, aber jetzt in einem ihrer Mundwinkel hellgrün schäumt. Ohne einen Spiegel hätte sie vergessen können, wie ein richtiges Gesicht aussieht. Auf den Fotografien der Werbeprospekte haben alle strahlend weiße Zähne, als ob die Zähne Löcher wären und man dahinter den Schnee sieht. Zähne hat sie aber noch. Milch darf sie nicht vergessen. Es gibt Menschen, die vor Milchhaut Angst haben. Sie leiden an Glucodermaphobie, hat sie irgendwo gelesen. Man muss sich seine Phobien mit Sorgfalt aussuchen. Milchhaut ist ein Vorgeschmack auf das, was der Tag bringen wird.
Als sie die Küchentür hinter sich schließt und den Flur entlang geht, lässt sie ihren Schlüssel die Tapete aufkratzen. Sie legt sich in ihre Ecke, das Bett ist für das Zimmer viel zu groß. In ihrem Zimmer sind die Wände nackt wie sie selbst. Sie faltet das Betttuch und drückt sich in den rechten Winkel, soweit das mit einem runden Körper geht. Das Federbett ist wie eine extra Haut, ein großer, weißer Pelz. Ein fremdes Tier oder ein Eisbär, der auch in die Ecke gekrochen ist und sich auf sie gelegt hat. Unter den Augenlidern sitzt ihr Blick. Er ist gegen die Zukunft gerichtet, und sie sieht und sieht. Wie der Schnee schwer und schmierig ist, wenn sie den Körper darin einpackt und die Kälte um das Fleisch festklopft. Wie die Karamellen im Winter so hart werden, dass sie sich mehrere Zähne abbrechen könnte. Wie fremde Hände ihre schweren Brüste von der Erde aufheben. Die Füße umarmen sich. Bald schläft der umarmte Fuß. Eine Frau schiebt sich vorwärts durch den Schnee. Sie ist von Federn bedeckt. Ihr Mund ist trocken von Milchhaut.
Die Geräusche der Nacht gehören den Tieren. Sie hört sie allzu deutlich. Das ungeheure Gemeinschaftstier, das zwischen den Mauern der Häuser und der Fjells hallt. Sie und das Tier haben gemeinsame Atemzüge. Manchmal muss sie abwechselnd die Luft

anhalten und schneller atmen, um aus der Symbiose, die sie gar nicht mag, auszubrechen. Sie weiß, dass die Tiere von der Küste zum städtischen Paradies der schwarzen Müllsäcke und Tüten hinaufwandern, die man in die bärengesicherten Mülleimer zu tun vergessen hat. Polarfüchse, Eismöwen und Mallemukke und noch mehr Vögel in einem ewigen Himmelsstrom. Sie sieht, wie die Rentiere mitten in der Nacht mit ihren großen Geweihen die Hauptstraße entlangtraben. Sie schnüffeln an den Bänken der Touristen, saufen aus der Wasserpfütze vor dem nördlichsten Postamt der Welt und nachher verschwinden sie durch das Tal, über den Gletscher auf der anderen Seite der Stadt.

Sie tritt in die Duschkabine des Badezimmers, das sie mit den anderen teilen muss. Die Geräusche der Gemeinschaftsdusche und der Toiletten in der Schule. Der Geruch von Urin. Fußpilz. Chlor, das in den Augen brannte. So viel Welt auf einmal. Schlaffe, willenlose Handtücher, die ihre Ewigkeitsrolle aufgegeben hatten. Sie berührt den Wasserhahn, um die Kälte zu spüren. Er tropft von Kondenswasser. Sie nimmt die Handdusche aus ihrer rostigen Halterung. Die Metallringe haben sich längst gelöst, und sie muss alles zusammenhalten, wenn sie sich abspült. Das Wasser spritzt in alle Richtungen. Das nächste Mal muss sie eine Stecknadel mitbringen. Damit sie die verkalkten Löcher ausbohren kann. Die grüne Seife liegt auf einer ovalen Gummimatte mit Saugnäpfen. Sie ist schwarz von Schimmel. Heißes Wasser und Seife. Und Scheuerpulver für die Hornhaut und den tieferliegenden Schmutz. Sie betrachtet ihre Beine; sie sind zu dick an den falschen Stellen, nicht dort, wo die Muskeln sich abzeichnen sollten, sondern an den Knöcheln. Die Haut brennt. Sie hat es verdient. Schürfwunden am Muttermal und der einen Brustwarze, aber nicht so, dass sie verbluten würde. Kleine Bäche von Blut und grüner Seife verlaufen mit dem Rost von den Rohren und ihrem Shampoo. Unter ihr gibt es ein Flussbett aus Farben und Marmor. Die Badezimmertür ist nicht länger verschließbar, aber sie hat sich daran gewöhnt. In den Rohren hört sie den kleinen Wasserfall, wenn der Duschkopf sich über ihr übergibt.

Eine Tasse starken Kaffee mit Milch am Vormittag kann sie in den Nachmittag tragen. Mit dem besonderen unnatürlichen Herzklopfen, das sie in Gang bringt. Es ist, als bewegten sich Blasen ruckweise durch ihre Körperbahnen. Alles ist mit dem Herzschlag synchron. Die Haare tropfen, und es gibt immer noch einen Streifen Wasser unter den Brüsten. Heute wird sie im Haus bleiben. Sie isst, sie verdaut, und alles wird wieder ausgeschieden. Sie muss immer wieder daran denken, wie sie ihrem Körper Nahrung zuführt, wenn sie etwas in den Mund steckt, wie sie das Essen sorgfältig kaut und es zu einem wässrigen Brei vermischt. Es wird dann zerkleinert und bewegt sich von den Därmen in die Venen und Arterien, wo ihr rauschendes Blut es bis zu den entferntesten Körperzellen führt, die sie selber gar nicht kennt.
Sie spürt, wie die Magensäure alles Schlechte abtötet und das Beste zum Dünndarm weiterschickt, wo ihre Körpersäfte ihren Höhepunkt erreichen. Vor ihrem inneren Auge sieht sie den Dünndarm und denkt an all das, was durch ihn hindurch gegangen ist. Er ist so weiß und dünnhäutig, dass das Wesentliche verschwindet, bevor sie ihre kleinen Exkremente bildet, die sie durch das Kanalisationsrohr zwischen den beiden Gesäßhälften herausdrückt. Es ist schwierig, mit so vielen Nuancen und Möglichkeiten umzugehen. Hier gilt es, das Verdauungswerkzeug funktionsfähig zu erhalten, und sie prüft den Schließmuskel noch einmal. Nur um sicherzugehen.
Jeden Nachmittag um 15 Uhr knipst sie ein Selfie und teilt das Bild auf Instagram. Wenn sie das Handy ein bisschen schräg hält, wird das Bild besser. Wenn das Bild schön ist, ist auch sie schön. Sie ist online 24/7. Sie sammelt Herzen, und sie vergisst nie vorher das Kalenderblatt von gestern abzureißen. Auf dem Foto hat sie dieselbe Farbe wie das Handtuch. Die Lippenstellung ist wie im Spiegel. Sie hat nicht vergessen, die Zunge nach der Milch und dem Apfel zu baden, trotzdem hat sie ein bisschen Apfelschaum am Kinn. Warum auch nicht?
Sie wüsste nicht, was sie über die Stadt und die Insel sagen sollte, wenn jemand sie fragen würde. Nur dass es erhöhte Grenzwerte

für Liebe und Glück so nah am Magnetfeld der Erde gibt. Irgendwo im Schädel vibriert eine Drüse von der Größe einer Erbse im Takt mit den Erschütterungen des Körpers. Der Venusberg ist eine Birne, die aus dem Körper wächst. Dort leuchtet sie am stärksten. Liebe ist Zeitvertreib, schreibt sie auf Twitter, *love is trivial pursuit*. Ihr Handy knistert elektrisch. Ihre beiden Zeigefinger ruhen waagerecht in den Vertiefungen ihrer Schlüsselbeine. Alles stimmt. Die Arme, die zwei Dreiecke bilden, und die Brustwarzen, die sich im Spiegel anstarren. Der Atem ist die Essenz ihres Lebens. Dann stimmt sie mit sich selber überein. Sie weiß genau, dass die Wirklichkeit und sie 1:1 sind.

Die Mitternachtssonne hat ihr die Dunkelheit genommen, wenn sie aber schnell aufsteht, wird ihr schwarz vor Augen. Wenn sie sich sitzend nach vorne beugt, tippen die Brustwarzen auf ihre Oberschenkel. Jetzt ruft wieder jemand an. Ihr Kopf ist ein Ballon, der sie manchmal aufrechterhält. Es ist wieder ihr anonymer Verehrer, der am anderen Ende den Atem anhält. Er kann ihn sehr lange anhalten. Mehrere Minuten. Ungerade Zahlen bedeuten Liebe, mit geraden Zahlen kann man nicht rechnen. Ihre Nummer hat ungerade Zahlen. Das Handy ist laut gestellt, und sein Schweigen strömt durch ihre Schläfen.

Im Badezimmer hängt ihre Unterwäsche, groß und weiß. Sie hat sie heute Morgen gewaschen. Sie tropft noch. Als sie sich vorbeugt, um die Feuchtigkeitscreme zu nehmen, vermischen sich ihre Tränen mit all dem Weiß.

KÖRPERARBEIT

Was willst du von mir? Sie faucht ihn an. Ihr Speichel trieft von seinem Kinn. In großen Klecksen. Sie drückt ihren ganzen Körper gegen ihn. Muss einfach seinen würzigen Geruch in sich aufnehmen. Sie unterdrückt das Verlangen, ihr Gesicht in seine Halsgrube zu legen. Das wäre zu billig. So unkompliziert ist sie nicht. Ihr Termin ist schon um 11 Uhr. Es ist ihre dritte Konsultation, und sie hat sich durch die hohen Schneewehen gekämpft. In den dicken Wintersachen dampft sie vor Schweiß. Auf einem kleinen Tisch steht eine Flasche in einem Weinkühler, und er hat Räucherstäbchen angezündet. Ein Ständer aus klarem Acryl enthält eine Auswahl von den Broschüren der Klinik. Der Körper ist die Pforte des Himmels, sagt er, nur muss man dem großen Hüter den Schlüssel dafür abluchsen. Er schenkt Champagner in hohe, dünne Gläser. Sie denkt, dass es dafür eigentlich noch zu früh ist. Mit der linken Hand drückt er ihren Kopf nach hinten, presst ihre Wangen zusammen, zwingt die Zähne auseinander, als würde er die Beweglichkeit des Kiefers testen, drückt den Hinterkopf gegen die Wand. Mit der anderen Hand entkleidet er sie, öffnet den Reißverschluss, knöpft auf, streift ab, untersucht jedes einzelne Stück Textil; die Qualität, die Farbe, die Waschanleitung, die Designermarke, die Größe. M. Leert ihre Taschen. Alles wird nach Spuren und Abdrücken anderer Menschen untersucht. Haare, Absonderungen, Urin, Blut. Holzsplitter und Pflanzenreste vom Spaziergang zur Klinik. Das ist nicht relevant zu dieser Jahreszeit, sagt sie und greift sich an den Unterkiefer.

Sie schiebt die Kleider beiseite und legt ihre Lippen um seine Unterlippe, spannt die Muskeln, begräbt ihre Zähne darin, bis sie Blut schmeckt. Sie bewegt sich nicht. Die frühe Erregung überrascht sie. Sie beißt zu. Nur so kann sie sich verteidigen. Er sagt, dass sämtliche Spannungen auf ihre sexuelle Energie zurückzuführen sind, und eben hier spielt er eine wichtige Rolle mit seinem healenden Ausloten ihrer körperlichen Weichteile, Gebärmutter, Eierstöcke und all dem, was sie sonst noch im Alltag verbirgt.

Mit der Kamera fährt er ihren Körper rauf und runter, durch alle Risse und Spalten; Mund, Rachen, Achselhöhlen, Anus, Vulva, Vagina, große und kleine Schamlippen. Die Fotodokumentation ist für ihre Krankengeschichte sehr wichtig, sagt er. Tätowierungen und Amputationen sind seine Lieblingsbeschäftigung, bei ihr wird er aber immer noch nicht fündig. Die theoretische Grundlage ist ein wichtiger Teil der Behandlung. Ohne sie hätten sie ebenso gut aufhören können. All das steht in der Broschüre.
Sie hat seine Anzeige in der Lokalzeitung gesehen. Darin behauptet er, dass seine psychoerotische Körpertherapie fast wie eine Leichenöffnung ist. Und wer möchte das nicht erleben? Nach fünf Behandlungen mit der nekroleiblichen Therapie, wie er sie nennt, wird sie eine ganz andere Einsicht in ihre Zukunftsaussichten und die Position und Ausdehnung ihrer Einzelteile, d.h. der Knochen und Organe, bekommen.
Ihr Oberkörper liegt wie ein Mantel auf seinem Rücken. Sie hat seine Hüfte gut im Griff, hätte sie ihn von hinten nehmen können, hätte sie das getan. Er sagt, dass sie für seine Therapie empfänglich ist. Dass sie bald die ganze Menschheit mit ihrem Körper wird erfassen können.
Er sagt, dass er von der Errichtung eines oktogonalen Gebäudes im Stil der anatomischen Theater der Renaissance träumt, wo das Publikum das Spektakel aus allen Blickwinkeln erleben kann. So ein Gebäude mit Kuppel und zwei Säulen am Haupteingang. Eine eckige Ausgabe des Zirkusgebäudes in Kopenhagen, wenn sie das kennt. Sie atmet sowohl tief als flach. Sagt, dass sie von einem Zirkus nichts weiß, dass sie aber seine Energien an den richtigen Stellen spürt. Er arbeitet systematisch; Kopf, Hals, Torso, Arme, Beine. Es geht zu langsam, sagt sie. Wenn sie sich mit beiden Schulterblättern dagegenstemmt, sind die Brüste Spiegeleier. So flach sind sie doch, sagt er. Er untersucht die Brustwarzen nach Schäden, Rissen, Asymmetrien. Löchern und Wölbungen. Für ihn bedeutet es alles, neue Eingänge und Ausgänge in einem Frauenkörper zu finden, unerwartete Passagen, lebendige Tunnel. Narben und Wunden. Und alles auf wissenschaftlicher Grundlage.

Sie versucht ihren Kopf und Oberkörper still zu halten, während sie ihn festhält. Ihre Beine sind eine Hummerschere. Sie stützt sich auf beide Arme und beugt den Kopf weit nach hinten. Dann kann er ihr die Kehle durchbeißen, wenn das seine Absicht ist. Er schüttelt den Kopf, und dann packt sie ihn, ihre Fingerspitzen glühen, und die harte Stelle in ihrer Brust verschwindet allmählich. Sie klettert an ihm hinauf, nimmt den einen Ast, das eine Glied nach dem anderen. Sie streckt sich aus, damit sie länger wird, als sie eigentlich ist. Und jetzt ist er dran, er rotiert, rutscht an ihrem Stamm herunter, zieht die Haut mit sich. Schiebt sich unter das elastische Häutchen, in das Fleisch, bis einer von ihnen blutet. Ein warmes Gefühl läuft an den vier Beinen herunter. Sie lacht über die Spalte, die eben der Riss in der Erinnerung ist, den sie unbedingt braucht, sagt er.
Schweiß gibt es an zwei Stirnen, und von jeder Nasenspitze baumelt ein Tropfen. Er schleift das Urgestein mit seinen nackten Füßen, kaut ihre Brüste, damit sie ihre Form fast verlieren. Er knickt unter ihrem Gewicht zusammen, das ihn von oben wie von unten trifft. In der umgekehrten Perspektive schiebt sie ihre Zähne über die Oberlippe. Sie gleichen den Zähnen eines Pferdes, sagt er, des Pferdes aus Island, dass er mal gekauft hatte. Er hatte nicht vergessen, die Zähne zu kontrollieren, wie man es in den Filmen sieht, er wusste aber nicht, wonach er sehen sollte. Blutiges Zahnfleisch ist das, was er bei ihr sucht.

MONITOR

Das Handy summt auf dem Tisch. Sie lässt es summen. Warum ruft der Chef sie unter ihrer privaten Nummer an, wenn er einfach aufstehen könnte? Sie blickt nicht auf. Den Unterkiefer gegen die Brust gedrückt. Seinen Schreibtisch ignorierend.

Sie wirft einen horizontalen Blick auf Kap Thordsen und den Berg auf der anderen Seite des Fjords. Flecken von Altschnee. Sie schüttelt den Kopf. Sie sitzt vor den fünf Bildschirmen im Kontrollraum des arktischen Saatgutlagers, die Monitore zeigen verschiedene Ausschnitte des Fjellinneren. Es ist ihre Verantwortung, dass der Betonbunker im Fjell nicht eindringenden Terroristen und Psychopathen von den Umweltorganisationen zum Opfer fällt. Sie hat Zeit genug, ihre Suchmaschine zu optimieren und Kochrezepte zu finden. Ihre Finger krabbeln wie Spinnenbeine über die Tasten. Auf dem Anrufbeantworter liegen ehemalige Freundinnen. Jeden Tag gibt es Menschen, die verlassen werden, so wie es auch Menschen gibt, die im Internet ihre Rechnungen bezahlen und das Geschirr von Hand spülen.

Auf Monitor 3 sieht sie ihn. Den Mann im Bunker. Sie stellt sich vor, wie sein Gesicht vor Anstrengung feucht ist. Es ist, als ob er auf dem diffusen, flackernden Bild weinen würde. Er öffnet die Hose und schwebt durch Monitor 5, und jetzt sieht sie ihn weder auf Monitor 4 noch auf 2 oder 1. Es gibt genügend tote Winkel. Große, amerikanische Firmen haben angefangen, Terminatorsaat zu produzieren, Saat, die nach der Ernte Selbstmord begeht, so dass die Bauern jedes Jahr von vorne anfangen müssen und neue Reis-, Soja- und Weizensaat kaufen müssen, oder was sie sonst alles säen. Sie erinnert sich nicht an alles, was bei der Sitzung besprochen wurde, aber viel Geld steht auf dem Spiel. Wieder leuchtet ihr Handy auf. „So viel Schminke ist gar nicht nötig," schreibt er, und er hat auch ein Smiley hinzugefügt. Sie versucht sich zu konzentrieren. Sich zu erinnern, warum die amerikanischen Konzerne ein Interesse daran haben, dass das arktische Saatgutlager verschwindet. Sie hat Filme über solche Situationen gesehen. Hier oben spricht man davon, dass die gentechnologisch konstruierte Saat bald so verbreitet ist, dass sie den letzten echten, natürlichen Samen in ihrem Berg aus Permafrost haben werden. So lange es noch währt. Langfristig kann es bedeuten, dass alle Lebensmittelproduzenten der ganzen Welt von wenigen, gigantischen Lieferanten abhängig werden. Es ist nicht schwierig, sich Situationen vorzustellen, wo die Regierung in Washington den großen Konzernen in einem Land, dessen Politik sich gegen das amerikanische richtet, verbieten wird, Saat zu verkaufen, sagt ihr Chef. Sie denkt daran, welche Hungerkatastrophen sie verhindert, nur durch ihre Aufmerksamkeit auf die kleinen, flackernden Bildschirme, die Stollen und die unterschiedlichen Gebiete in den Hallen 1, 2 und 3. Sie ist ein bisschen wie Gott, wenn sie da sitzt und die Lebensmittelsituation der Welt unter Kontrolle hat. Ihre straffe Frisur hat sich gelockert, sie streicht die Haare hinters Ohr, wirft noch einen Blick auf den Schirm.

Durch zwei Fensterscheiben sieht sie die Ponyfrisur des Chefs, die Haare sind quer über den Kopf gekämmt und haben sich in der Mitte geteilt und stehen jetzt wie zwei kleine, schwarzgraue Teufelshörner hervor. Ihr Mund ist trocken, als ob sie sich übergeben müsste. Sie stellt sich vor, dass er sehen kann, wie sie nackt aussieht, ob ihre Brüste und Schenkel fest oder weich sind, ob sie um ihn aufschwillt, wenn er seinen Dorn in sie stößt. Ob sie die Kontrolle verlieren würde. Sie muss sich ein bisschen nach vorne beugen, damit ihre Brustwarzen nicht sichtbar sind. Sie möchte ihn nicht beachten, dann steht er aber auf und kommt näher. Es ist nicht mal die erste Demütigung des Tages, aber heute Morgen ist es ihr gelungen, ihn von sich zu stoßen.

Sie sieht sein Gesicht von unten, die unerwarteten Bartstoppeln unter dem Kinn und die verzerrten Gesichtszüge. Sie möchte ihn schlagen. Sie sieht in die andere Richtung, als ob ihre Begegnung zufällig wäre, als ob sie zwei Fremde wären. Als er seine Hand auf ihren Schoß legt, friert sie beinahe fest. In wenigen Augenblicken wird er seine Teufelshörner in sie bohren. Times New Roman Schriftgröße 12, Zeilenabstand 1,5, ihre Hand liegt aber schwer auf der Maus. Seine Hand bewegt sich in ihrem Slip; sie lehnt sich ein bisschen zurück, damit die großen Hände es einfacher haben. Es ist nicht leicht mit der Polsterung des Drehstuhls, aber sie tut, was sie kann. Mit dem Alter sollte alles einfacher werden. Sie klickt auf Ctrl-Alt-Delete und drückt ihren Rücken gegen den Stuhl. Ihr Kopf droht, aus seiner Achse zu fallen. Ihre Hände auf dem Tisch. Als ob sie ihr nicht gehörten. Er stöhnt immer lauter. Kehllaute, der Geruch von Aftershave und Schweiß. Sie sieht seine Hose und die toupierten Hörner. Sie sieht in den Berg hinein, Monitor 3, und versucht die Aura einzufangen, die um den Moment schwebt.

SPEKTAKEL

Die Hände sind schon auf Abstand. Offener Rachen, offener Mund. Alles steht lautlos offen. Klebriges Mundwasser und gelbe Bärenzähne. Schmutziger Pelz. Allzu viel Pelz. Ein Auto voll hochgezogener Augenbrauen hält an. Mehr Autos. Geländewagen. Schwarze Taxis für 12 Personen. Winterreifen. Schneemobile. Pferdestärken. Der Angriff ist zu explosiv. Es ist ihre eigene Schuld. Sie atmet ganz oben in der Kehle. Bekommt keine Luft. Der Oberkörper wird nach vorne ausgestreckt, als könnte sie sich im Eis spiegeln, die rötliche Farbe der Lippen erkennen, die jetzt ins Blauviolett wechselt. Ihr Umriss ist undeutlich. Sie ist Nabel, ihr eigener Mittelpunkt. Noch.

Eine der Autoscheiben ist einige Zentimeter heruntergelassen. Die Finger des Kindes sind hinaufgeklettert und schauen hinaus. Sie denkt, dass die Eltern aufpassen müssen, wenn sie das Fenster wieder hochfahren. Der Kopf fällt zur Seite, und sie kneift die Lippen zusammen. Die Zunge füllt den ganzen Mund aus, droht, sich durch die Backenzähne zu sprengen. Dass sie jetzt Zeit hat, bei ihren Backenzähnen zu verweilen. Ihr Gesicht ist feucht, als sie ein Stück Hinterkopf mit der Hand aufnimmt, die jetzt bald verschwindet. Einfach ist es nicht. Sie erkennt, dass die Haare blond und kurz sind. Als ob sie das nicht wüsste. Der Schlüssel liegt in der Hosentasche, sie spürt, wie er sich in den Schenkel bohrt. Jetzt kann sie die Tür sowieso nicht aufschließen. Es ist, als würden die schwarzen Fjells ihre Falten um sie werfen. Wäre es nur das Federbett, mit dem sie verwachsen war. Es kracht unter ihr, als gäbe der Boden in dem kleinen Holzhaus auf Pfählen nach, es ist aber das Eis, das bald aufgeht. Wieder drückt es gegen den Schädel. Zähne schlagen gegen das Fleisch. Den Hinterkopf in der Hand, sie hält ihn fest. So gut sie kann.

Sie sieht den Ellenbogen ihres Kindes in der grünen Strickjacke vor sich, wie der Knochen unnatürlich hervorschaut. Die Operation. Ihre flatternden Lippenlaute, die die Gedanken von den Schmerzen ablenken sollten, Lippen und Zunge funktionieren aber nicht mehr.

In einem der Autos zieht man die Gardine zu. Vielleicht glauben sie, dass man so einfach die Mitternachtssonne und ihren Anblick entfernen kann. Irgendwo über der Erde gibt es immer eine Restsonne, und es ist ihre eigene Wahl, sie zu sehen. Es riecht süßlich und scharf, als hätte irgendjemand sein Sekret mittendrin entleert, mitten in dem Durcheinander, in dem sie jetzt festsitzt. Es ist unmöglich, durch die dunklen Autoscheiben hinein zu schauen, in die Gesichter und die Schreie der Kinder, sie spürt aber, dass noch mehr Autos angekommen sind. Mit den Leuten von den ersten Kreuzfahrtschiffen des Jahres. Bald wird das Publikum in die Hände klatschen. Und den Fahrern extra Trinkgeld geben. Der Fremdenverkehrsverein kann nicht immer sowas wie dieses garantieren.
Der Kopf des Kindes war allzu breit, als er sich zwischen ihren Schenkeln heraus presste. Hasenscharte. Und dann war der Abstand zwischen den Augen zu groß, und die Ohren standen vom Kopf ab, als ob es ein außerirdisches Wesen wäre. Es beruhigt sie daran zu denken, dass dies die größte Herausforderung ihres Lebens hätte sein können. Sie erinnert sich nicht mehr daran, wie schwierig es war, einen Überblick über die Körperteile und Organe zu bekommen, jetzt wo ihre eigenen ins Rutschen gekommen sind. Sie schwingt von der einen Seite zur anderen, der Kopf kann nicht Schritt halten.

Der Eisbär schüttelt sie so hart, dass ihr Kopf jetzt eine Glocke ist. Aus seinem Rachen hängen rote Fasern. Sie kleben am gelblichweißen Pelz der Brust. In einem Kindersitz sitzt ein Kind, dessen Schädel vor Angst und Schreien vibriert. Zusammen leuchten sie auf dem Eis auf, als hätte irgendjemand einen Kühlschrank geöffnet. Das Licht strömt rechtwinklig aus und fasst sie in seinem Rahmen ein. Im Kühlschrank sitzen übereinander der Vollmond und die Mitternachtssonne, so dass man nicht sieht, wer wer ist. Es ist der Kreislauf der Natur, wird der Erwachsene sagen, indem er den Arm um das Kind legt. Ein Stück Haut hängt vor ihrem linken Auge herab, sie ist halb Ausblick, halb Einblick.

Sie sieht vor sich, wie ihr Kind ein großes Frottierhandtuch über der ganzen Tundra ausbreitete. Das Tigermotiv war fehl am Platz. Das Kind nahm sein Spielzeug aus dem kleinen Rucksack und stellte es sorgfältig auf, so dass der Abstand zwischen den Sachen derselbe war; die Puppe, der fette Plüschhase mit seiner eigenen Hasenscharte, das Auto und die Spieldose. Mehr Ausstellung als Spiel. Sie wartete auf ein Publikum oder einen Freund, den es nicht gab. Draußen in der Einöde. Die Milchzähne reichen bis in die Kehle, wenn das Kind im Auto schreit. Ihr eigenes Kind zog die Fäustlinge aus und riss die Rentierflechte mit den dicken Fingern aus der Erde, warf sie in die Luft, duschte in den Gewächsen der Tundra. Die gekräuselte Struktur der Flechte ließ sie im Haar hängenbleiben. Schnee und Flechte waren die einzigen Wörter, die das Kind kannte. Man kann auch Pech haben und Flechte und Moos mit Menschenexkrementen darauf finden, weil es hier keine Bäume mit Blättern gibt, und was sollen die Leute tun? sagte sie dem Kind. Es lockt aber die großen Bären an. Als sie nach Hause gingen, klebte die Landschaft immer noch am Schädel des Kindes. Niemand sah, dass das Gehirn eine offene Wunde war. Die rotierende Hand des Kindes folgte der Windgeschwindigkeit.

Sie hatte ihm gesagt, dass sie unbedingt schwanger werden wollte und dass er ihr eine Tochter schenken sollte. Und dann hatte sie sich vier ganze Monate lang übergeben müssen, bis das Erbrochene bis zur Toilettenschüsselkante stand. Die nächsten sechs Monate blieb der Geruch im Haus, obwohl sie mit all den Reinigungsmitteln, die sie nur kaufen konnte, sauber machte. Als ihr Körper endlich der Schwerkraft nachgab, und das Kind sich aus ihrem Fleisch sprengte, verschwand seine Stimme allmählich. Als sie mit all ihrem Fleisch und dem kleinen Fleisch obendrauf ausgebreitet lag, konnte man sie auf den ersten Blick fast nicht auseinanderhalten. Sie sah, wie er die öde Hauptstraße wie ein schwarzer Strich entlangging, der immer kürzer wurde. Die Füße des Kindes waren allzu groß. Fast wie die ihrigen. Aber das ist ja auch eine Art, Fuß zu fassen, sagte sie denen, die es hören wollten.

Alles schmeckte nach Regen, wenn sie und das Kind sich in der Dämmerung verkrochen.

Der Traum wird vom Wachzustand gestört. Sie versucht, seine Bilder festzuhalten, aber kurz danach muss sie aufgeben. Es ist zu kalt. Der Angriff kommt jetzt noch massiver. Ihr Kopf trifft mit voller Kraft etwas Hartes. Er könnte sie jetzt zu Boden schlagen, was würde das schon machen? Sie hört einen knirschenden Laut, weiß aber nicht, woher er stammt, nur dass er von ihr stammt. Ihr Körper hat jetzt mehr Laute und Öffnungen denn je, und die Arme hängen auf ungewohnte Weise herab. Als ob sie ihr nicht mehr gehörten. Der Unterkiefer klebt jetzt an der Brust. Die Lunge ist ein flatternder Flügel, und es ist schmerzhaft, direkt durch die Rippen zu atmen. Sie müsste die Knochen wieder zurechtschieben können, damit sie sich selbst wieder in Griff bekäme. Jetzt steht der Kühlschrank sperrangelweit offen, und ein Sonnenstrahl erleuchtet das Chaos. Sie hat keine Füße, nur ein Wurzelwerk, das durch das Eis geht, das einen halben Meter dick ist. Weiter reicht sie nicht.

Sie erblickt seine Narbe in der Ellenbogenhöhle wie einen blinden Fleck im Auge, als ihr Mann zu ihr und dem Kind zurückkehrt. Um das Kind wie eine Keule zu schwingen. Der rechte Ellenbogen. Die Hände des Kindes hatten sich zu kleinen Knollen zusammengekrampft. Der Rotz wurde beim Schwingen herauszentrifugiert. Mit dem Finger auf den Lippen deutete sie dem Kind an, dass es still sein musste. Als es sich zu ihr wandte, war es nur Haare. Der Druck gegen den Kopf hätte noch schlimmer sein können.

Das Blut steht hoch in den dünnen Rissen des Fleisches, alles andere ist Splitter und Herzton. Die Vögel werden ihre Schnäbel an ihren Knochen wetzen. Ein Kind in einem Auto zieht die Augenlider über das Bild herab. Wenn sie später in ihren weichen Sofas das Video anschauen, werden einige vielleicht den Ton leiser stellen. Das Rot ist genug, werden die Erwachsenden sagen. In dem Augenblick bilden sie eine Skulptur, die eher ihr gehört als dem Bären. Die Wirbelsäule ist an drei Stellen gebrochen. Der Inhalt des Magens ist ein Geschenk. Ein Augapfel rollt über das Eis, er hat seine rote Höhle verlassen und starrt direkt in die Sonne. Ein erblindetes Auge ist auch ein Auge, denkt sie.

UNTERGANG

Er hätte es wissen müssen. Der Seeskorpion mit dem großen Kopf ist giftig, sagte seine Mutter wütend, und sein Vater nahm den Werkzeugkasten hervor und zeigte ihm, wie man die großen Stachel auf dem Kiemendeckel mit der Kneifzange ausreißt, er war aber schon gestochen worden. Dies ist einer der Tonmitschnitte, den er immer wieder abspielt. Die Vorwürfe der Eltern und sein Wimmern wegen der entzündeten Wunde.

Zwei Seeskorpione schwimmen jetzt mit ihren schwebenden Bewegungen um die tote Szenerie, gerade unter der Wasseroberfläche. Er sieht, dass sie Fahrzeuge aus dem Weltraum sind, die ohne Warnung in seinen eiskalten Fjord geplumpst sind. Die Männer am Kai sprechen von den aufgeschwollenen, grünlichen Leichen, die in ein paar Tagen an der Wasseroberfläche treiben werden. Das Süßwasser wird sie in das salzige Meer schicken, und wie Badetiere werden sie in Richtung Golfstrom fließen. Der Ozean wird sie verschlucken. Er sieht das Ganze vor sich. Wie das Meer danach nie wieder vollkommen heil wird.

Er hat die Schule so gut wie abgebrochen. Das ist sowieso zwecklos. Stattdessen steht er jeden Tag am Hafen und macht Fotos von den Menschen, die sich auf das Wasser wagen. Er ist jetzt zu alt, um nur hinter der Kamera zu bleiben, sagen seine Eltern. Sie waren zu alt, als sie ihn bekommen haben, sagen die anderen. Manchmal wirft er sein Eis ins Wasser. Für die Möwen. Vor Kurzem geschah etwas Neues, als das lange Boot draußen auf dem Wasser sich vor dem stürmischen Wind duckte. Das Boot fährt mit den Touristen, damit sie mit ein bisschen Glück einen Wal oder einen Eisbären sehen können. Früher hat es Mannschaft und Maschinen für die Kohlengruben weiter drinnen im Eisfjord verschifft, jetzt hat man den Laderaum mit einem Holzboden ersetzt. Man hat lange Holzbänke und Tische gebaut, die im starken Wellengang nicht verrutschen. Die Touristen zittern vor Kälte und müssen sich übergeben, wenn es richtig losgeht. Die Bullaugen sind immer offen, und oft sieht er den Dampf aus der Kombüse mit dem großen

Kochgeschirr, in dem die Wienerwürste sieden. Das Boot schaukelt, und die Touristen halten sich an den Jacken ihrer Nachbarn fest. Die Glück haben, sitzen in der Mitte. Und dann müssen sie aufstehen und nach rechts schauen. Den Fjell sehen, der wie der Turm von Babel aussieht. Er kennt diesen Turm nicht, er kennt aber die Tour. Die letzten Touristen vom Morgenausflug sind von Bord gegangen, schwankend und taumelnd über die schmale Landungsbrücke, die kracht, wenn das Boot seine Trossen rüttelt. Am Vormittag ist der Wind stark gewesen, zehn Meter pro Sekunde, was nicht der Rede wert ist, hier wo man im Herbst viel größere Windstärken kennt. Das Boot hat keinen hohen Aufbau, und niemand am Kai versteht, warum es jetzt plötzlich so stark krängt. Als ob es sein unbeständiges Leben satt geworden ist und jetzt keine Lust mehr hat.
Er hört, wie die Touristen ihre Todesangst in Richtung Land hinausschreien, so laut, dass er sich die Ohren zuhalten muss. Die Schallwellen können zerstörerisch sein, das weiß er. Er hat eine gewisse Erfahrung mit Geräuschen. Das hier ist ganz anders als damals mit dem Schneemobil. Das erste Mal, dass er es fahren sollte, war auch das letzte. Es ließ sich unmöglich lenken, und er musste Rotz und Wasser weinen, und dann schlug seine Stirn so hart gegen das Lenkrad, dass seine Wunde nachher mit mehreren Stichen genäht werden musste. Mit der Kamera geht es viel besser, sagt sein Vater. Und mit dem neuen digitalen Sound Recorder. Jeder kann sehen, dass er es schafft.
Die Touristen kämpfen um ihr Leben, lange werden sie in ihren dünnen Wanderkleidern, die das Eiswasser in sich aufsaugen, nicht überleben, wenn sie nicht bald an Land gebracht werden. Die beiden Besatzungsmitglieder sitzen auf der Seite des roten Ruderhauses. Sie winken. Er kennt sie beide. Sie werden aus dieser Lage heil herauskommen. Er freut sich darauf, dass der Rettungshubschrauber und die Küstenwache kommen. Es wird wie ein größerer Kriegseinsatz aussehen, und er steht mit der Kamera bereit.
Das Bild stellt sich automatisch scharf, wenn er den Auslöser nur halb drückt. Jetzt eben ist der Hubschrauber an den Vogelkot-

fjells, wie er sie nennt, und die Küstenwache hat er noch nicht gesehen.

Früher starb man auf dem Meer an Wunden und Blutvergiftung, an verlorenen Körperteilen, die in der Deckwinde mit dem Schleppnetz hängen blieben. Man wurde zwischen gebrochenen Masten zerquetscht, sagen die Männer am Kai. Jetzt zanken sie sich darüber, wie lange die Touristen im kalten Wasser wohl überleben werden. Nicht mehr als zwei Grad, sagen sie. Niemand weiß mehr, ob sie wasserdichte Rettungsanzüge und Schwimmwesten anhatten oder nicht. Das ist entscheidend. Einer sagt, dass man nicht vergessen darf, was früher passierte, wenn man im Winter durch das schwarze Loch einer Ringelrobbe im Meereseis fiel. Ein invertiertes Krabbenbrot, sagt ein anderer und dann glucksen sie, obwohl sie genau wissen, dass die Krabben aus Spitzbergen sich nicht für ein Stück Brot eignen und dass das Meereseis fast nicht mehr da ist. Das Meer quittiert den Dienst. Er denkt an die schwarzen Punktaugen der Krabben, wenn sie ins kochende Wasser geworfen werden. Die Männer öffnen und schließen mehrmals den Mund. Sie sind stumme Fische, die Sauerstoff aus dem Wasser saugen. Es ist für sie fast wie eine Zeremonie, wenn sie ihr Verständnis für das Leben der unterseeischen Welt betonen wollen. Sie haben es von den Meerestieren gelernt, sagt sein Vater.

Er hat schon Fische gesehen, die mit dem Kopf nach unten schwimmen, wenn ihre Schwimmblase punktiert ist. Es sind Fische ohne Augen. Ohne Gesichter. Im Wasser unter ihm liegen mehrere große Fische mit dem Bauch nach oben. Sie schimmern wie Silber. Das Meer bewegt sich mit dem Golfstrom durch den Eisfjord, und früher oder später wird es einige der Touristen an die Küste spülen, bevor es sich zurückzieht. Auch die Menschen changieren zwischen der Dunkelheit und dem Licht, wenn sie an den Rand der Erde nackt angespült werden, sagt sein Vater. Er hat den Satz aufgenommen. Nicht dass er ihn versteht, trotzdem ist es einer von den Sätzen, die er immer wieder hören kann. Er atmet tief ein, füllt die Lungen mit der saubersten Luft der nördlichen Halbkugel. Sie ist so scharf und spröde, wie wenn man

mit einem Metallkugelschreiber gegen ein Kristallglas schlägt. Er weiß genau, wie das klingt.
Dann erblickt er das, was gerade unter ihm liegt. Ein Junge, vielleicht fünf-sechs Jahre alt, der am Pfahl des Bootsteges schaukelt und schwappt. Wie ein kleines Floß ist er allein im schwarzblauen Wasser zu Entdeckungen ausgezogen. Jetzt ist der Junge von rückenschwimmenden Polardorschen und zwei Seeskorpionen umgeben. Er schüttelt den Kopf. Für die Fische und die Wale ist es natürlich, vorwärts zu schwimmen und im Meer zu koten. Das ist viel mehr, als er darf, wenn er ins Schwimmbad geht. Er hat sich aber angepasst.
Die Kamera stellt auf den Jungen scharf, und er sucht den besten Bildausschnitt aus. Gerade über dem Kopf. Es sind Bilder nur für ihn. Bilder, die er keinem zeigt. Eine Zunge kann ebenso schwarz sein wie die Seehundleber, die seine Mutter samstags brät. Die blonden Haare des Jungen treiben an der Oberfläche. Sie sind so blond wie seine eigenen. Die kleinen Salzkristalle aus dem Meer werden bald zwei weiße, ausgefranste Ränder am Nacken bilden. Er hat es schon einmal gesehen. In der Brechung des Wassers sind seine Hände an Armstümpfen befestigt. Der Körper hat den Jungen verloren und ist jetzt im Wasser festgegossen, als ob er aus Glas wäre. Licht und Kontrast sind perfekt zu dieser Jahreszeit. Das liest er von den automatischen Einstellungen der Kamera ab. Später werden seine Eltern die kleinen Fische braten, die er den Männern am Hafen abgekauft hat. Sie werden Kartoffeln schälen und Zwiebeln schneiden. Die Augen werden ihnen tränen. Nachher werden sie sich alle drei über den kleinen Bildschirm der Kamera beugen und die Bilder des Tages anschauen. Das ist fast das Beste von allem. Wenn er mit seinen Eltern am Esstisch sitzt, muss er an nichts anderes denken. Trotzdem ist es ihm zuweilen, als ob die kleinen Fische von dem Teller in seinen Mund springen und sich durch seine Speiseröhre bewegen würden. Dann kann er nicht atmen, und ein Schmerz presst gegen seine Brust. Die Männer am Hafen haben ihm von Fischen in Südamerika erzählt, die durch die Harnröhre oder den Mastdarm schwimmen, wenn

man im Amazonas badet. Er möchte nicht daran denken, obwohl er fast spürt, wie der Fisch in seiner Speiseröhre zappelt.

Auf dem kleinen Schirm der Kamera flimmert das Wasser von Meerestieren in graublauen Farbtönen. Ein Motorboot schwimmt mit dem Tod, der fast die gleiche Farbe hat, um die Wette. Die Kamera zuckt in alle Richtungen. Er weiß, dass die Körper in das kalte Wasser hinuntertauchen werden, bevor die Rettungskräfte da sind, und wenn sie wieder als längliche Blasen an der Wasserfläche auftauchen, wird man die brennende Kälte auf der Haut sehen können. Eine Drohne schwebt wie ein kleiner Hubschrauber über ihm, und vor dem Kameraobjektiv kreist eine Eismöwe um einen kohlschwarzen Mittelpunkt. Als sie vom Himmel wie ein Bumerang herabwirbelt, lässt er das Kameraauge sich in der Rotation verlieren.

Er hat gehört, dass die Menschen, wenn der Meeresspiegel steigt, das feste Land verlassen und sich auf der Wasserfläche niederlassen werden, jetzt hat es also angefangen. In ein paar Tagen wird er die Küste entlangstreifen, in Richtung des Bärentals, und sie nach Fäustlingen absuchen. Er wird den Strand mit seinem Auge abpflügen. Sich im Wasser niederzulassen ist trotzdem ein bisschen blöd. Sie hätten es wissen müssen.

ABWEGE

Das macht nichts, sagt er. Er ist in den Zug eingestiegen, wie so oft, wenn er von der Arbeit kommt. Es ist ein ganz gewöhnlicher, langweiliger Tag im Büro gewesen, und als er die Firma durch die monumentale Eingangspartie verlässt, ist alles wie immer. Das Wetter ist trüb, vielleicht wird es später regnen, aber zu der Zeit wird er längst im Zug oder zu Hause sein in seiner kleinen Stadt. Er geht die Bahnhofstraße entlang, durch die Bahnhofshalle und stellt sich wie immer an Gleis 2, wo die Züge in nördlicher Richtung abfahren.

Der Zug kommt beinahe sofort, und heute hat er Glück, weil sein Lieblingsplatz ganz vorne rechts frei ist. Er legt seine Ledermappe in die Gepäckablage, so dass sie niemanden stört, und dann macht er es sich auf dem blauen Sitz bequem. Als einer der Glücklichen fährt er am liebsten in Fahrtrichtung. Er stellt sich vor, dass es sich so verhält. Die Landschaft bewegt sich, verändert sich, wie immer, und er freut sich darauf, hinter dem Wald die alte Ziegelbrennerei zu grüßen und auf die Autos herabzublicken, wenn der Zug über die alte Eisenbahnbrücke fährt. Sie ist aus Eisen und ähnelt den Brücken, die man für Modelleisenbahnen kaufen kann. Die alten Brücken aus der industriellen Revolution haben etwas Besonderes, das ihm gefällt. Erst möchte er aber kurz die Augen schließen.

Die Klingeltöne der verschiedenen Handys im Zug reißen ihn aus dem Schlaf, gerade als sie durch den Wald fahren. Er spürt die Vibrationen in der Tasche und sieht, dass seine Frau ihn anruft. Als er sich im gelblichen Licht umblickt, das den Wagen nur mit Müh und Not erhellt, sieht er, dass er allein ist. Nach dem Schlaf ist er ein wenig durcheinander. Sie sagt, dass sie sich verspätet, dass sie in einen kleineren Verkehrsunfall verwickelt gewesen ist, an einer Straßenkreuzung, wo sie bei Rot über die Ampel gefahren ist, ihr ist aber nichts passiert, er soll sich in das kleine Café am Bahnhof setzen und eine Tasse Tee trinken, er kann auch eine Zeitung kaufen, dann kommt sie so schnell wie möglich. Er sagt, dass es gar nichts macht und dass sie ihn nicht abholen soll. Es ist ja nicht weiter, als dass er laufen kann. Er kann doch mit dem Tee warten, bis er wieder zu Hause ist. Sie sagt, dass die Polizei eben ein Protokoll aufnimmt und dass sie nicht weiß, wie viele Verletzte es gibt und wie ernst es ist. Sie hat keine Lust, in das andere Auto zu schauen, sagt sie. Es sind jetzt zwei Krankenwagen mit Blaulicht und viele Rettungskräfte da. Ehe er sagen kann, dass er nicht weiß, wo er ist, hat sie schon aufgelegt. Er erinnert sich auch nicht an eine Straßenkreuzung zwischen ihrem Haus und dem Bahnhof, wo es Ampeln gäbe. Als er sie anruft, hat sie das Handy ausgeschaltet.

Heute ist so ein Tag, an dem er nur wünscht, die Fahrt würde ewig dauern und dass er nie aussteigen müsste. Dass sie ihn nicht erwarten würde. Dass nichts passiert wäre. Plötzlich hört er einen dumpfen Schlag gegen den Zug. Vielleicht haben sie einen Menschen oder ein großes Tier angefahren und müssen jetzt bremsen, dann kehrt das schwebende Gefühl des Schlafes zurück. Es wundert ihn, dass die alte, stillgelegte Ziegelbrennerei nicht auftaucht und dass der Zug heute über keine Autobahn hinüberfährt. Er findet, dass die Landschaft sich jetzt allzu schnell ändert, die Städte werden kleiner, der Abstand zwischen ihnen größer, es gibt Felder mit Schafen und grasenden Kühen. Schwarzbuntem Vieh. Auch die Türme der Dome werden immer kleiner und immer ferner. Er klopft an die Tür des Zugführers, eine Antwort bleibt aus. Zwischendurch sieht er Autobahnen aus Beton, die parallel zu den Schienen laufen, der Zug überholt die Autos. In einem der Autos sitzt eine Frau mit Sonnenbrille und deutlich sichtbaren Brüsten. Er muss den Kopf drehen und zurückblicken, sie verschwindet aber mit der Landschaft. Er schwitzt. Die Bäume bewegen sich auf beiden Seiten des Zuges und sind schnell wieder weg; alles verschwimmt wie dunkelgrüne Streifen und Fetzen. Es gibt keine Internetverbindung, er kann nicht mal seine Koordinaten sehen, oder wie hoch er sich über dem Meeresspiegel befindet. Er versucht wieder an seine Frau zu denken, es wird immer schwieriger, sich ihr Gesicht ins Gedächtnis zu rufen. Warum sich nicht einfach zurücklehnen und akzeptieren, dass er unterwegs zum weißen Inselmeer der Zeit und des Unbestimmten ist? Das hat er irgendwo gelesen. Er legt seine Füße auf das blaue Kunstleder. Es kann sowieso niemand sehen.

Jetzt wechseln die Landschaften zwischen kargen Gebirgen und offenen, steinigen Ebenen. Alles ist grau, als hätte ein Graphiker jahrelang so viele Grautöne wie nur möglich gemischt. Es gibt verstreute schwarze und weiße Akzente, aber weder Bäume noch Gebüsch. Keine Felder, kein Gras, kein Gewächs. Hier ist das Innere der Erde bloßgelegt, die oberste Schicht ist abgeschält, so dass nichts wachsen kann. Die farblose Welt beruhigt ihn, zwischendurch tauchen aber kleine, bunte Häusergruppen auf, deren rote, grüne, orange, gelbe und blaue Fassaden um so deutlicher gegen den dunkelgrauen Hintergrund abstechen. Ein bisschen Leben und Farbe gibt es also. Er will an der nächsten Station aussteigen und sofort einen Zug in südlicher Richtung nehmen. Zurück zu seiner Stadt. Und zu ihr. Er muss einfach in den falschen Zug eingestiegen sein. Jedenfalls ist er viel zu weit gefahren. Aus alter Gewohnheit hat er den Text auf dem elektronischen Schild nicht gelesen. Das mit den Landschaften versteht er nicht ganz. Dass sie in demselben Land so unterschiedlich sein können. Geografie war nie seine Stärke, obwohl er in der Schule sowohl die Namen der Flüsse als auch die der Städte auswendig gelernt hat. Sein Gesicht spiegelt sich in der Fensterscheibe, eine Doppelbelichtung von Bildern, die nicht zusammenpassen. Fremde Gesichter schießen in die Höhe. Der Zug fährt langsam an einem Bahnhof vorbei, ohne anzuhalten, und Töne strömen aus einem Lautsprecher. Er versteht nicht, was die Stimme sagt. Vom Bahnsteig starren ihn alle an. Sein Gesicht brennt.

Er muss daran denken, wie seine Frau ihn zu Hause erwartet, genervt und erschüttert wegen des Unfalls und seiner Verspätung. Wie sie kontrolliert, dass ihre Einkäufe da sind, so dass sie zusammen kochen können, wenn er endlich nach Hause kommt. Vielleicht sind die Tüten beim Zusammenstoß durcheinandergeraten. Vielleicht ist sie wütend, weil er den Unfall nicht hat verhindern können. Manchmal schneidet sie reife Früchte in hauchdünne Scheiben, und dann wickelt sie sich einen Turban um Kopf und Gesicht und sagt, dass er einen Augenblick alles vergessen solle, nicht zuletzt ihre Ausstrahlung. Dann muss er die weichen, feuchten Scheiben von ihrem Schoß essen. Nachher sagt sie, dass die Welt trotzdem nicht für die Menschen ist und dass er sie sofort in das Krankenhaus einliefern soll, in der großen Stadt, wo er arbeitet. Ich fliege jetzt, sagt sie ohne Zögern, und dann öffnet sie das Fenster. Sie ist aber bisher noch nie weggeflogen.

Er spürt einen plötzlichen Ruck in der Reihe der Wagen, der Zugführer bremst, fährt dann aber trotzdem weiter. Sein Körper wird hin und her geworfen, so war es auch, als er als Kind mit seiner Mutter mit der Straßenbahn fuhr und seine kurzen Beine baumelten. Jedes Mal wenn die Straßenbahn vor einer Kurve bremste, fiel er fast vom Sitz.Die Landschaft, die jetzt vorbeigleitet, ähnelt den bleichen Fresken in italienischen Kirchen, fast farblos, wie abgeblätterte Fragmente von etwas, das es nicht mehr gibt. Die Welt verliert ihren Bezug zu der Wirklichkeit, die er kennt. Der Blick wird allzu leicht von den Bildern betäubt, in denen er sich nicht wiedererkennt.

Als er endlich aussteigt, hat sich die Erde einmal um ihre eigene Achse gedreht, und die Sonne ist wieder an ihrem Platz. Die Stille ist hörbar. Der Horizont verschwunden. Regen und Kälte strömen vom Himmel und an seinen Beinen hinab. Er steht an einem Hafen. Hässlich und öde. Er spuckt ins Wasser und sieht einen Teil von sich davonfließen. Durch die Stadt folgt er dem asphaltierten Weg, der wegen des ersten Frosts Risse bekommen hat. Durch die feinen, senkrechten Öffnungen sieht er den Permafrost wie schwarzes Glas schimmern. Das Filigran des Asphalts hat etwas Gotisches an sich, denkt er. Dies ist die Geste der Landschaft. Von hier sieht man die Welt nicht mehr, die Erde aber ist so hart, dass der Ort sich nicht für den Tod eignet. Er streift nur die Kruste. Hier dauert das Leben eine Minute. Die Häuser sind farbige Würfel. Sie ragen aus der Erde wie die rostigen Eisenträger und die Himmelstriche der Seilbahn, die ihn trotz allem mit der Zeit verbinden. Der rötliche Staub klebt an seinen Schuhsohlen, und seine Spuren sind wie altes Eisen. Um ihn herum gibt es Reste und Schrott der Zivilisation, leere Hülsen. Er denkt, dass sie bis in alle Ewigkeit so stehen bleiben werden, und dass man sie hegen und pflegen wird. Wie Gefallene wird man auf sie aufpassen.

Er läuft eine Rohrleitung entlang, die man durch das Tal verlegt hat. Bei einem derart langen und derart dicken Lindwurm aus Stahl müssen die Leute wahrscheinlich eine Leiter mitbringen, wenn sie auf der anderen Seite etwas zu erledigen haben, denkt er. Er schüttelt den Kopf. Als er in ein rostiges Rohr hineinruft, kommt die Antwort mit seiner eigenen Stimme, das Echo aber lässt seinen Namen in zwei Teile zerbrechen.

Im Sog der Züge wird er immer älter. Ohne Sehnsüchte kann man nicht mit dem Zug fahren, sagt er zu sich selbst. Als er in das Abteil steigt, denkt er an seine Frau und an all das, was sie an ihren Körper angehängt hat, um sich gegen ihn zu schützen. Es gibt so viele Entscheidungen, die man nicht treffen muss, wenn man mit dem Zug fährt. Die roten Rücklichter des Zuges verschwinden im Fjell, er sieht jetzt das Ganze von außen. Wie er in sein eigenes Blickfeld hineinfährt. Wie ihm sein eigenes Gesicht fehlt.

SAMENBANK

Es ist die Arche Noah, im Eis versteckt, eine gigantische, in den Fjell gekeilte Kühltruhe. Getreide, soweit das Auge reicht. Vier Schlüssel sind nötig, um die vier Türen zu der Luftschleuse zu öffnen, die die Räume des Saatgutlagers abschirmt. Niemand hat alle vier Schlüssel. Ihn ausgenommen. Der Türgriff liegt eine Weile in seiner Hand, ehe er die schwere Stahltür aufschiebt. In einem Betonbunker mitten im arktischen Meer, zwischen doppelten, explosionsgesicherten Türen und Bewegungsmeldern entblößt er sich.
Es gibt drei Lagerräume am Ende des langen Tunnels. In den Regalen stehen Plastikbehälter mit Saaten aus aller Welt. Korea ist rot, Nigeria schwarz, die meisten sind blau. Voll von Samentüten, Reis und Mais und Weizen und all dem anderen. Für 4,5 Millionen Samenproben ist Platz. Selbst für ihn eine unüberschaubare Menge. Die Samen sind sicher aufbewahrt, aber manchmal, wenn er ihre Keimfähigkeit testen soll, muss er sie anfassen. Die Bohnen sind nur 15 Jahre lang viril. Hierbei können sie ihn nicht übertreffen. Alles ist gegen Atomkrieg, Erdbeben, Überschwemmungen und Terror gesichert, nur nicht gegen seine Einmischung.

Er spritzt seinen Samen in die wasserdichte Verpackung, zwei Millimeter in jede. Er muss sparsam sein. Mit seiner eigenen Samenbibliothek stellt er einen Gegensatz zu der Mannigfaltigkeit der Zeit her. Eine Samenenzyklopädie mit Datum, genetischer Abstammung, Erbanlagen, dem pH-Wert des Tages und dem Leistungsniveau des Augenblickes. Er ist der Keim aller späteren Grundforschung. Er ist die Formel für die Welt, das Geheimnis des Lebens, die Quintessenz des Menschen. Der Ursprung des Seins. Der Ort, wo die Energie der Schöpfungsfähigkeit sich als ein schimmernder, milchiger Klecks in einem antiseptischen Behälter aus Beton und Stahl materialisiert. Er läuft im Zickzack zwischen Regalen hindurch, Räumen, deren einzige Einrichtung Regalbretter sind, richtungslosen Räumen und Räumen, die nichts als Richtung

sind. Das ist kein Raum, der wie bei Euklid mathematisch berechnet werden kann, sondern ein Raum, der erlebt und gelebt wird, weil er ihn für seinen Schöpfungsakt ausgesucht hat.
Videokameras, mechanische Insekten, die von allen Seiten auf einmal drohen, Spiegel, die um die Ecke sehen. Er wird beobachtet, obwohl ihn niemand auf den Bildschirmen im Kontrollraum sieht. Anfangs mied er die Blicke der Kameras, aber jetzt ist sein Projekt umfassender geworden. Sieht sie ihn, oder sieht sie ihn nicht? Manchmal ist er ihr präpubertärer Sohn, der gerade seine Möglichkeiten entdeckt hat, manchmal könnte er ihr Liebhaber sein. Der Falkenblick einer Mutter schwebt über ihm mit Lob und Verurteilung. Mit der einen Hand hebt er seine ID-Karte gegen die Kameralinse, während er mit der anderen Hand arbeitet, bis es fast weh tut. Kein Alarm, keine Sirene. Sein herbsüßer Geruch vermischt sich mit dem Geruch von Getreideboden. Niemand soll seinem Fleisch ein Ende machen. Bisher hat niemand erwähnt, dass er sich zu viel einmischt, aber jetzt setzt das Summen der Beleuchtungsautomatik aus. Als das Licht wieder eingeschaltet wird, ist es schonungslos, er aber ist schnell und präzise. Dann nur noch eine schwache Notlichtbirne, und sein Atem wird den Rest des Lichtes verschlucken. Auf dem Monitor wird er ein flüchtiger und unerklärlicher Schatten sein. Auch die Sirene heult, aber er kennt sich aus. Er spürt die Erleichterung im Körper. 120 Meter drinnen im Fjell.

Eva Botofte, geb. 1960, ist Lyrikerin und Erzählerin. Sie studierte Kunstgeschichte und Literaturwissenschaft und veröffentlichte eine Reihe von Gedichtsammlungen. Einige Gedichte wurden ins Deutsche und Englische übersetzt, der Gedichtband *Forsætlig nat* auch ins Italienische. Eva Botofte arbeitet auch als bildende Künstlerin und lebte einige Zeit auf Svalbard. Die rauhe Natur, aber auch das Leben am Außenrand menschlicher Zivilisation inspirierten sie zu den hier erstmals in deutscher Sprache erscheinenden, expressiven Erzählungen.

Impressum

Lektorat: Klaus-Jürgen Liedtke, Berlin

Gestaltung und Satz: Atelier Fischer, Berlin

Druck und Bindung: Friedrich Pustet, Regensburg

Porträtfoto auf S. 111: © Henrik Brøndsted, Kopenhagen

Gesetzt aus der Pacella EF, der Minion Pro italic und der Profile SC

Gedruckt auf 140g/m² Arena extra white smooth von Fedrigoni

1. Auflage 2020

www.edition-abfischer.de

978-3-948114-03-9